Gılgamış Destanı

5. Baskı

D1675101

arkadaş YAYINEVİ
Yuva Mahallesi 3702. Sokak No: 4
Yenimahalle / Ankara
Tel:+90-312 396 01 11 Faks: +90-312 396 01 41
www.arkadasyayinevi.com
Yayıncı Sertifika No: 12382
Matbaa Sertifika No: 26649

Kitabın özgün adı ve yazarı:
The Epic of Gilgamesh, Danny P. Jackson, Second Edition (2004)

ISBN: 978-975-509-440-3

ANKARA, 2016

5. BASKI

Çeviri   : Ahmet Antmen
Redaksiyon   : Aslı Gündoğar
Yayına Hazırlık   : Selen Yağcı, Mehtap Çayırlı
Sayfa Düzeni   : Özlem Çiçek Öksüz
Kapak Tasarımı   : Mehmet Yaman
Baskı   : Bizim Büro Matbaa Dağıtım Basım
                    Yayıncılık San. ve Tic. Ltd. Şti.
                    Büyük Sanayi, 1.Cad., Sedef Sok.
                    No:6/1, İskitler/ Ankara

Gılgamış Destanı

Danny P. Jackson

Robert D. Biggs
James G. Keenan
Thom Kapheim

5. Baskı

Çeviri
Ahmet Antmen

arkadaş

İÇİNDEKİLER

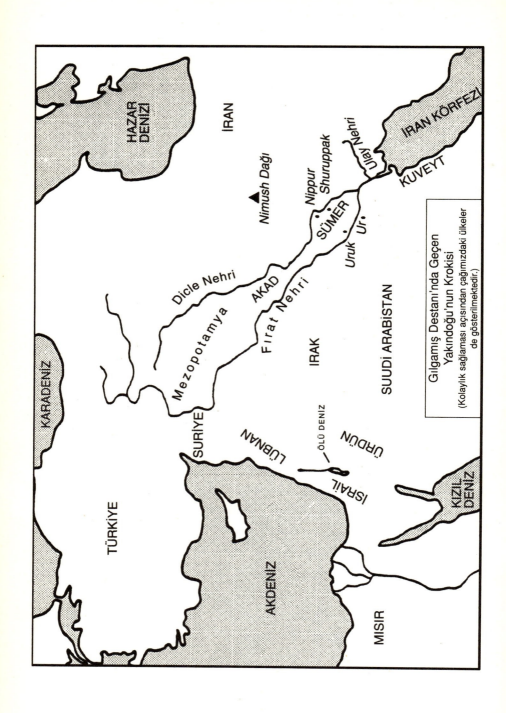

Gilgamış Destanı'nda Geçen
Yakındoğu'nun Krokisi
(Kolaylık sağlaması açısından çağımızdaki ülkeler
de gösterilmektedir.)

ŞEKİL LİSTESİ
Antik Dünyaya Ait Olanlar

Thom Kapheim'in Özgün Resimleri

YAYINCININ ÖNSÖZÜ

G ılgamış'ı ilk kez 1967'de duydum. Dinin gereklerini yerine getiren bir Katolik ve eski bir papaz okulu öğrencisi olarak, diğer antik kültürlerde bulunan, İncil'deki İbrani öyküleriyle benzer konuları işleyen öyküler hakkında neden bilgilendirilmediğimi çok merak ettim. *Gılgamış Destanı*'nda Adem'le Havva, Kayıp Cennet ve Büyük Tufan benzeri konular işleniyordu. Elimize geçenler arasındaki bu ilk destan örneği, İncil'i önceleyen bu yapıt beni büyüledi.

Bir erkek olarak, Gılgamış'ın başından geçenlerle kendi yaşamım arasında paralellikler kurduğumu söyleyebilirim. Bunların başlıcalarını; erişkinleşme süreci, yaşamdaki önemli dönemeçler, şöhret kazanma iştahını kabartan toplumsal dürtüler, kişisel doyumun yetersizliği, yetişkin ilişkilerinde iki kişinin yeni bir bütün oluşturması ve bu bütünün tek tek her iki kişiden de gelişkin olması, birini yitirmenin insana verdiği ölüm korkusu, üç beş yıl fazla yaşamak uğruna bedensel ve ruhsal yaşlanmayı engelleme amaçlı yapılan nafile egzersizler ve son olarak da insanın kendi doğal kısıtlarını kabullenme cesaretini göstermesi olarak sıralayabilirim. Bütün bu aşamalar, Gılgamış'ın yol haritasında bulunmaktadır.

Gılgamış'ın bende yarattığı büyüleyici etki, bulduğum her fırsatta onu ders olarak anlatmama neden oldu. Ancak, eldeki çevirilerin, pek çok okurun ihtiyacını karşılamadığını gördüm. Bir yayıncı olarak sorunları belirlemeye çalıştım. Eksik yerler ve buralardaki noktalama işaretleri okumayı zorlaştırıyordu. Nesir biçimindeki çalışmalar destanın görkemiyle bağdaşmıyordu. Danny Jackson'ın çalışması bence hem şiirsel hem de anlaşılır. Bu büyüleyici öyküye layık bir çeviri. Robert D. Biggs'in başını çektiği uzman desteği ve Thom Kapheim'in çizimleri de değerine değer katıyor.

Robert Biggs ve James Keenan'ın açıklayıcı katkılarıyla ve Danny Jackson'ın metinde yaptığı düzenlemelerle zenginleştirilmiş bu ikinci baskı okurlarımızdan gelen isteklerin bir sonucu. Kapakta öncekinden farklı bir Kapheim çizimi var. Bu sahne, destandaki bir dönüm noktasını temsil ediyor; Gılgamış tarafından reddedilen İştar'ın Cennet Boğası'nı serbest bırakmasını. Gılgamış ve Enkidu Boğa'yı öldürürler; ama karşılığında Enkidu ölümcül biçimde yaralanır. Enkidu'nun ölümü Gılgamış'ı ölümsüzlük arayışına sürükler ve ölümlü yaşamın anlamını keşfetmesini sağlar. Arayışına başladıktan kısa süre sonra konuksever Siduri'nin kulübesine kabul edilir. Destanın ana sorusunu yanıtlayan da Siduri olur: "Yapacağımız en iyi şey nedir?"

Yanıt, ne Hıristiyanlığın öbür dünya anlayışıyla, ne Stoacılığın ateşten logosla birleşme yönündeki savıyla, ne Epiküryenciliğin hazcılığıyla ne de Aristoteles'in *eudaimonia*'sıyla uyuşur. Gılgamış'a verilen yanıt Homeros'un yanıtına yakındır. Gayet basitçe, insanın mümkün olanın en iyisini yapması, çeşitli ütopyaları, kraliyetin nimetlerini ve ölümsüzlüğü reddetmesi; bunların yerineyse bir amaçtan diğerine ilerlemek, hem fiziksel hem de entelektüel güce ve şehvete olanak tanımak. Tıpkı Shamhat'ın Enkidu'yu vahşi yaşamından kent yaşamına çekmesi gibi, Siduri de öğütleriyle Gılgamış'ın tanrısallık ve ölümsüzlük umutlarından vazgeçip insani varoluşunu kabullenmesi için uğraşıyor. Sözün kısası, eldekinin en iyisini yapmaya teşvik ediyor.

Bu, Gılgamış'ın yaşamında bir dönüm noktası. Ölümlülüğünü henüz kabullenmediğinden dine başvuruyor. Siduri'nin dediğine, ancak bir gölette ölümsüzlük bitkisini bir yılana kaptırıp da din onu yarı yolda bırakınca geliyor. Bu, dinden dönmenin ilk yazılı örneğidir, aynı zamanda mitolojiden gerçeğe geçişin de ilk örneğidir. Ölümsüzlük ve tanrısallık arayışından vazgeçilir ve insan olmanın zorunlu sonucu olarak ölüm kabul edilir. O, yeniden doğmuştur. Eğer Siduri'nin öğütleri doğrultusunda hareket ederse, kendisine eş olabilecek bir kadın bulacaktır, bir tanrıça değil. Ve mutluluğu tanrılarda değil, çocuklarında ve halkında arayacaktır. Sonsuz yaşamı aramak yerine ölümsüz duvarlar inşa edecektir. Bu insani mükemmeliyet; doğaüstü, tanrısal mükemmeliyetin antitezidir.

Kitaptaki son çizim (33. Şekil), kısıtlarını kabullenmiş ve doğanın sağladığının en iyisini yapmaya kararlı bir "yeni adam" olarak gösteriyor Gılgamış'ı. Ölüm korkusunu iliklerine kadar hissetse de, bu artık yaşamın güzelliklerini görmesine engel olamayacak. Gılgamış yolculuğunun son aşamasında yaşamın anlamını buldu. Siz, yolun neresindesiniz?

Ladislaus J. Bolchazy
2000

GİRİŞ

Antik Dünya Edebiyatı'nın çok büyük kısmı tahrif olmuştur. Bugüne kalabilenlerse antik çağ yazarlarının yaptıkları alıntılardan veya Mısır'daki papirüs kalıntılarından edinilmiştir. Euripides gibi ünlü bir yazarın çalışmaları bile büyük oranda kaybolmuştur. Yazdığını bildiğimiz doksan oyundan on sekizi eğer zarar görmeden bize ulaştıysa çok şanslıyız demektir. Diğerlerinden geriyeyse sadece küçük bölümler kaldı. İskenderiye Kütüphanesi'nin kaybına hâlâ yanıyoruz. Günümüze kalanlar içinde bir de tesadüfen bulunan el yazmaları var. Bunların en ünlülerinden biri Lût Gölü Yazıtları. Bunun dışında elimizde Herculaneum'daki Papirüs Evi gibi az sayıda kaynak daha var. Bu yazıtlar, antik felsefe ve edebiyat çalışmalarını yeniden kullanılabilir duruma getirecek bilimsel koruma yöntemlerini bekliyor.

Mezopotamya, İki Nehrin Arasındaki Coğrafya, gelenekleri asırlardır yaşatılan klasik dünyadan ayrılır. Mezopotamya'nın antik kültürleri büyük oranda karanlıkta kalmıştır. Sadece, Yunanca yazan bir Babil rahibi olan Bressos gibi yazarların günlüklerinden haberdarız; başkalarının onlardan yaptıkları alıntılar aracılığıyla. Kimi kişileri ve tarihsel olaylarıysa Tevrat'taki pasajlardan öğreniyoruz. Bütün bunlar, modern Irak'ın kuzey bölümüne kurulmuş olan antik Asur'un 19. yy'da yeniden keşfedilmesiyle değişti. Şimdi, kama biçimli çivi yazılarının çözümlenme efsanesini anlatmanın sırası değil. Şunu söylemek yeterli olur;1850'de bu konuda çalışan bilim adamları arasında çivi yazılarının artık rahatlıkla çözümlenip okunabileceğine ve anlaşılabileceğine dair bir fikir birliği vardı.

Musul'daki Tikrit yakınlarındaki Koyuncuk Tepesi'nde olduğu ortaya çıkana kadar Asur'un antik başkenti Nineveh'in tam olarak nerede bulunduğuyla pek de ilgilenilmiyordu. İngiliz kazı makinelerinin şans eseri buldukları çok fazla sayıdaki kırık, kil tabletin son Asur kralı Assurbanipal'ın kütüphanesinin kalıntıları olduğu anlaşıldı sonunda. Görüldüğü kadarıyla, MÖ 612'de Nineveh yağmalandığında bu tabletler bilinçli olarak un ufak edilmişlerdi. Ama İskenderiye'dekilerin aksine buradaki kil tabletler kırılsalar da yontulsalar da, modern zamanlardaki keşiflerine kadar, toprağın altında varlıklarını sürdürmüşlerdir. Varlıklarını sayısız kütüphane kaydından öğrendiğimiz, üzerlerine koruyucu olarak mum damlatılan tahtalara kazınmış diğer parçalarsa tamamen tahrif olmuştur.[1]

1872'de genç bir İngiliz bilim adamı George Smith İngiltere'deki din ve edebiyat çevrelerini hayrete düşüren bir açıklamada bulundu. Smith, British Museum'da bu tabletler üzerine çalıştığı sırada, tabletlerdeki bir bölümün bir geminin inşa edilişini, büyük bir tufanı, tufanın geri çekilmesinin ardından bir kuşun kuru bir toprak parçası arayışını ve tufandan sağ kurtulan bir erkekle kadını anlattığını duyurdu. Bu buluş öylesine ilgi çekti ki 3 Aralık 1872'de, Smith için dönemin başbakanı Gladstone'un da katıldığı halka açık bir sunum ayarlandı.[2] İşte Babil'in Nuh'u. Modern bir yazar olan Jack Sasson'a göre bu tufan hikayesi Avrupa'yı en az Darwin'in teorileri kadar sarstı; çünkü Kutsal Kitap'ın biricikliği ve inanılırlığı sorgulanmaya başlamıştı.

Ama ne yazık! Smith sadece bir tabletin tek bir bölümünü bulmuştu. Toplumsal heyecan o kadar fazlaydı ki *Daily Telegraph* gazetesi Smith'in Nineveh'e dönüp tabletin kalan kısımlarını araştırması için bir fon ayırdı. Büyük şans eseri, Smith Tufan'ı anlatan bir bölüm daha buldu. Bu buluşu gazeteye duyurduğunda, durumdan tatmin olan gazete yönetimi, görevinin tamamlandığını bildirerek İngiltere'ye dönmesini rica etti. Ne var ki biz bugün Nineveh'te bulduğu bölümün *Gılgamış Destanı*'na değil, onunla ilgili bir başka tufan öyküsü olan *Atra-hasis Destanı*'na ait olduğunu biliyoruz.

Babilliler'in edebi eserleri, tıbbi metinleri, kehanet seçkileri ve diğer bilimsel derlemeleri bizim deyişimizle bölümlere ayrılır. Ne var ki, Babilli bilim adamları bunları Tabletler (tuppu) diye adlandırıyorlardı. Her tabletin bir numarası vardır ama bizim bölüm başlıklarımızın tersine bunların bilgileri sondaki bir yazıta kazınmıştır. Bu yazıtta genellikle, eserin bilinen ismi; kimi zamansa esere kaynaklık eden el yazmasının bilgisi, yazarın ismi ve alıntılanma tarihi olur. Ve edebi eserlerin

---

1 Parpola, "Assyrian Library Records."
2 Walker, "The Kouyunjik Collection"

çoğu ilk satırlarıyla anıldıkları için, *Gılgamış Destanı* da "Her Şeyi Görmüş Olan"* diye bilinir. Bundan dolayı, örneğin, 6. Tablet'in sonunda *tuppu* 6. KAM *ša nag-ba e-mu-r*; yani "Her Şeyi Görmüş Olan, 6. Tablet"[3] anlamına gelen bir ifadeye rastlarız. Genelde, *Gılgamış Destanı*'nın Klasik Metin'i[4] olarak bilinen kısım on iki bölümden oluşur. Tufan öyküsü on birinci bölümün içindedir. Çiviyazısı tabletlerin en bilindik şekli altı sütunluk yazıdan oluşanıdır. Üçü ön tarafta ya da önyüzde; üçü arka tarafta ya da ters yüzde. Önyüzdeki sütunlar soldan sağa; tersyüzdekilerse sağdan sola dizilmiştir(Çiviyazısı tabletler, bizim kitaplarımız gibi sağdan sola doğru değil, yukarıdan aşağı doğru sıralanmıştır. Yani, tersyüzün ilk sütunu olan dördüncü sütun önyüzdeki üçüncüye komşudur.) İbranice ve Arapça el yazmalarının aksine, çiviyazısı soldan sağa okunur.

Gelecekteki arkeolojik kazıların *Gılgamış Destanı*'na ait daha fazla bölümü gün yüzüne çıkaracağı kesin; ama şu an için elimizdeki metinlerin ciddi eksikleri var, öykülerin pek çoğuysa kısmen biliniyor. Ne mutlu ki, değişik şehir ve kasabalardaki din ve bilim adamları destanın pek çok tabletinin suretlerine sahipler. Modern bilim adamları farklı kaynaklardaki metinleri bir araya getirerek bazı tabletlerin hemen hemen eksiksiz nüshalarını elde edebiliyorlar. Örneğin, çok sayıda bölük pörçük kaynak birleştirilince 1. ve 11. tabletler neredeyse tamamlandı. Çiviyazısı metinlerin uyarlamalara ve metinlere dayanan yeni bir bilimsel baskısı, Londra Üniversitesi'nden Andrew R. George tarafından hazırlanıyor. Önemli sayıda yeni bulunmuş elyazması içeren bu baskı, çiviyazısı metinlerin tamamını Reginald Campbell'ın 1930'daki çalışmasından beri ilk kez elden geçiriyor.

---

* Babilce *ša nagba imuru*.

3 Bu sözcüklerin anlamından kesin olarak emin değiliz. Bazı bilim adamları "her şey" anlamına gelen *nagba* yerine "Derin" anlamına gelen *naqba* sözcüğünü tercih ediyorlar (çiviyazısı iki sözcük arasında bir ayrıma izin vermiyor ve çoğu durumdakinin aksine *Gılgamış Destanı*'nın bağlamı da bizi bu konuda kesin bir yargıya götürmüyor). Destandaki olaylardan edindiğimiz bilgilere göre iki sözcük de uygun görünüyor. Şiirde sıklıkla rastlanıldığı üzere bu belirsizlik bilinçli bir seçim de olabilir ve bizim her ikisini de anlamamız isteniyor olabilir. Metinde birebir gösteremediğimiz pek çok başka belirsizlik ve kelime oyunu da var.

4 "Klasik" diye adlandırılır çünkü MÖ 1000 yılını karakterize eden bir metindir. Çok sayıda farklı antik şehirde bulunmuştur. Bölümlerin sırası, tabletlere bölümlenişleri ve anlatım biçimleri açısından birbirleriyle uyumludur.

MÖ bin yılına ait bu Klasik Metin'i önceleyen, Eski Babil Metni olarak bilinen bir metin daha var. Bazı öyküler sadece bu biçimde mevcutlar. Çevirmenler, tutarlı bir öykü oluşturmak için genelde bu iki kaynağı birleştirirler.

Gılgamış Destanı'nın Edebi Kaynakları

Gılgamış Destanı'nın pek çok metni MÖ iki binli yıllarda yazılmış gibi görünüyor. Bu metinler günümüz Türkiye'sinde Orta Anadolu'daki Hitit başkenti Hattuşaş'ta bulunmuştur. Bir başka bölümse antik Filistin şehri Megiddo'da bulunmuştur. Bu en çok bilinen ve bazen de Klasik Metin olarak nitelenen on iki tabletlik metindir. Kaynaklar, Mezopotamya ve Anadolu'nun pek çok farklı şehrinde bulunsa da metin hemen hemen standarttır. Değişikliklerin çoğu, çiviyazısı söz konusu olunca hiç de şaşırtıcı olmayan, belli belirsiz söyleyiş farklılıklarından ya da rastlantısal ifade farklılıklarından kaynaklanır. 12. Tablet, "Gılgamış, Enkidu ve Yeraltı"na dair Sümer kompozisyonunun edebi bir çevirisi gibidir ve çoğunlukla destanın bir parçası dahi olmadığı düşünülür. Destanın en önemli çevirilerinden birinde, 12. Tablet tamamen iptal edilmiştir. Diğerleriyse, 12. Tablet'in Klasik Metin'in asli bir bileşeni olduğunu savunur (Bkz. Vulpe'ın Okuma Önerileri bölümünde değinilen makalesi).

Telif yasası herhangi birinin yazılı sözlerinin edebi mülkiyetini ya da bestelerini güvence altına almadan önce, alıntılar ve uyarlamalar oldukça yaygındı. Bu durum, *Gılgamış Destanı* ve Sümer ya da Babil edebiyatının diğer eserleri için de geçerliydi.

Gılgamış'la ilgili temel Sümer kaynakları şunlardır: "Gılgamış ve Kişli Agga", "Gılgamış, Huava ve Sedir Ormanı", "Gılgamış ve Cennet Boğası" ve "Gılgamış, Enkidu ve Yer altı".

" Gılgamış ve Agga"nın hikayelerinin Klasik Metin'de doğrudan bir karşılığı yoktur. Öte yandan, "Gılgamış, Huava ve Sedir Ormanı" Klasik Metin'in 4. ve 5. tabletlerinin temelini oluşturur. "Gılgamış ve Cennet Boğası" yalnızca kısmen elde edilebildi; yani bu Sümer hikayesini tüm yönleriyle bilmiyoruz. Klasik Metin'in 6. Tableti'ne bu hikaye kaynaklık ediyor.

Piotr Michalowski'nin belirttiği gibi, MÖ iki bin yılının sonlanmasıyla tarihsel ve efsanevi kişilerin yerini hayali otobiyografilerin yazarları aldı. Hayali otobiyografiye geçişin kırılma noktası *Gılgamış*'ın Klasik Metni'nin yaratılması oldu. Bütün öyküyü bir üçüncü şahıs otobiyografisine çevirip, hikayeyi bütünü bütününe değiştiren bir önsöz eklenmişti.[5]

Bu noktada, fazladan neler eklendiğini bilmesek de Atra-hasis'le ilgili, farklı bir kompozisyondan alınan tufan hikayesi muhtemelen bunlardan birisi. Tufan hikayesinin temel işlevi bir öykünün içine bir başkasını katabilmesi. Michalowski'nin de keşfettiği gibi: "Bu, Utnapishtim'in özyaşamöyküsü ve böylece Gılgamış'ı konuğunun nihai sonuna yönlendiriyor: ölümsüzlüğü ancak ve ancak destanın kendisi aracılığıyla kazanıyor; çünkü meşhur ölümsüzlüğü kendi elleriyle yazdığı bir hikayenin sonucu. Bu bizi, ister istemez metnin başına, tüm kompozisyonun özene bezene hazırlanmış bir *narû*; yani devasa bir kraliyet yazıtı olduğu olgusuna götürüyor. Burada, esas aldığımız metin Sin-leqe-unninni versiyonu... Gılgamış metni üçüncü kişi ağzından aktarılır ve Sin-leqe-unninni adında bir yazara mal edilir. Ancak, genelde Gılgamış'ın üçüncü kişi ağzından yazılmış bir özyaşamöyküsü olarak değerlendirilir.[6]

Yukarıda da söylendiği gibi, Antik Babil uzmanları Gılgamış'ın yazarı olarak Sin-leqe-unninni adında birini gösteriyor. Muhtemelen Orta Babil Dönemi'nde (MÖ 1300 civarı) yaşamış olan bu adamın Uruk'ta yaşamış uzman bir yazar olduğu düşünülüyor. Şu an Klasik Metin olarak bilinen, on iki tabletlik metnin editörünün ya da derleyeninin o olması güçlü olasılık.[7] Ancak derleyeni ya da derleyenleri her kim olursa olsun, eski Mezopotamya'nın edebi geleneklerinin gün ışığına çıkmasını sağladı. Bu metnin bazı bölümleriyse Sümer'de ayrı ayrı öyküler olarak mevcut olan kısımları bir araya getiriyordu. Bu, hem ilk Babil kaynakları hem de geç metin için geçerli.

---

5 Michalowski s. 188-9
6 Michalowski, s. 188
7 Bkz. Laurie E. Pearce, "The Scribes and Scholars of Ancient Mesopotamia", Jack M. Sasson tarafından yayımlanan *Civilizations of Ancient Near East* 4. cilt (New York, 1995) içinde s. 2265-78, esp. P. 2275.

Destanın Tarihsel Altyapısı

Hikayenin kahramanı Gılgamış, Mezopotamya'nın güneyindeki ünlü tarihi şehirlerden olan Uruk'un hükümdarlarından biri. Sümer Kraliyet listesine göre Uruk'un İlk Hanedanlığı'nda 126 yıllık bir hükümranlığı görülse de, gerçekten Uruk hükümdarı olup olmadığından emin değiliz. ("Gılgamış" ismi onun yaşadığına inanılan döneme ait genel bir adlandırma.)

Şunu itiraf etmeliyiz ki, daha sonraki dönem edebiyatında ve tarihsel geleneklerde Gılgamış ile işbirliği yapan Kish ve Ur isimli hükümdarlarla ilgili az sayıda da olsa orijinal yazıt varken, Gılgamış için böyle bir bulgu yok (Örneğin, bir Sümer edebi metni olan "Gılgamış ve Agga"). Edebi mirasa göre, Gılgamış'ın annesi tanrıça Ninsun; babasıysa eski bir Uruk kralı olan Lugal-banda. MÖ 2600 yılına ait bir Sümer metninde Lugal-banda ile Ninsun arasında bir diyalog geçiyor. Bu diyalogda Gılgamış'a değinilmese de, metin bizi Gılgamış'ın yaşadığı düşünülen zamandaki bazı insanlara götürüyor.[8] İster gerçek isterse efsanevi olsun, Gılgamış'la daha yakın bağlara sahip kişilere başka bir yerde rastlayamıyoruz.

Gılgamış Destanı'nda Erotizm

Ölümlüğümüzün bilincinde olmak ve insan olmanın getirdiği diğer evrensel koşullarımız Gılgamış Destanı'nda büyük bir ustalıkla yansıtılmıştır (Bu konuda daha kapsamlı bilgi için, James Keenan'ın aşağıdaki değerlendirmesine bakınız). Destanın, modern yorumcu ve uzmanların büyük ilgisini çeken diğer bir yönü de erotik unsurlarıdır.

Gılgamış'taki cinsellik ve erotizmle ilgili tartışmaların bir kısmına bazı bölümler için katılıyoruz. Shamhat'ın Enkidu'yla yaşadığı ve onun insanlaşma sürecinin bir aşaması olan ateşli sevişme kafalarda bir soru işareti bırakmayacak kadar açık. Günümüze uyarlarken şairimiz bu kısımları daha kapalı anlattı. (Danny Jackson'un aşağıdaki görüşlerine bakınız.)

---

8 Bkz. Thorkild Jacobsen, "Lugalbanda and Ninsuna", *Journal of Cuneiform Studies* 41(1989)69-86

Şair, Gılgamış ve Enkidu arasındaki ilişkiyi betimlerken ise bunun tam tersi bir yol izledi. Pek çok yazar iki adam arasındaki eşcinsel ilişkiye bu bölümleri kanıt gösteriyor. Kullanılan dilin şiirselliği ve imgeselliği bu bölümleri yoruma açık hale getiriyor. Ancak, yine de, modern Avrupa'ya özgü bir kavram olan eşcinselliği antik bir metne uygulamak yakışıksız kaçıyor. Benjamin Foster, Gılgamış ve Enkidu arasındaki arkadaşlığın hiçbir cinsel temeli olmadığını vurguladıktan sonra sözlerini şöyle sürdürüyor: "Bu birliktelik aseksüel ve hemen hemen eşitlerarası bir birliktelik olarak nitelenmeli."[9] Pek çok cinsel hayalin, Gılgamış ve Enkidu'nun paylaştığı serüvenlerde değil, rüya bölümlerinde anlatıldığı kesinlikle doğru.

Rüya bölümlerinin hem Eski Babil metninde hem de Klasik Metin'de olması nedeniyle şanslıyız.[10] Eski Babil metnindeki ilk rüyada, Gılgamış annesi, tanrıça Ninsun'a rüyasında ne gördüğünü anlatıyor. Gökyüzünü görmüştür ve meteor benzeri bir şey hemen yanına düşmüştür. Onu kaldırmaya çalıştıysa da başarılı olamamıştır. Uruk halkı onun başına üşüşmüş ve ayaklarını öpmüştü, bir bebeğinkileri öper gibi. Gılgamış da onu sevmiş ve karısı gibi kucaklamıştır. Sonra, onu annesinin huzuruna getirmiş; annesi de onu "Gılgamış'la denklemiştir."[11] Annesi bu rüyayı yorumlar ve meteor kadar güçlü bir eşi olacağını, onu seveceğini ve karısı gibi kucaklayacağını söyler. Sözlerini şöyle noktalar: "Rüyan mantıklı ve değerli." Tümü korunamamış olsa da Klasik Metin'in daha kısa bir açıklaması var. Enkidu'nun ortaya çıkacağını sezinleyen annesi Gılgamış'a, kendisine benzer birinin doğduğunu ve dağların onu büyüttüğünü söyler. "Onu göreceksin ve sevineceksin. Genç erkekler ayaklarını öpecek. Sense onu bağrına basacaksın. (Burada bir kesinti var.) Onu bana getireceksin."

İkinci rüyadaysa, düşen bir balta ve başına toplanan insanlar, görmüştür. Baltayı annesinin önüne koyup şöyle der: "Onu sevdim ve karıma sarılır gibi sarıldım ona." Annesiyse baltayı onunla denkler. Annesi rüyayı şöyle yorumlar: "Güçlü bir eşin olacak, arkadaşını kurtara-

---

9 Foster, "Gilgamesh: Sex, Love and the Ascent of Knowledge", s.22
10 Özellikle Cooper'in ek okuma önerileri bölümünde değinilen çalışmasına bakınız. Rüyaları irdeleiğimiz bu bölüm büyük oranda Cooper'ın yorumundan yola çıkıyor.
11 'denklemiştir' ifadesi, Ninsun'un Enkidu'yu oğlu olarak kabul edeceğini gösteriyor.

cak; tüm dünyanın en güçlüsü. Bir meteor kadar güçlü." Klasik Metin'de, baltayı gördüğünü ve sevindiğini; onu sevdiğini ve karısı gibi kucakladığını söyler.[12] Ama sonrasındaysa bunun kasıtlı bir sözcük oyunu ya da anlam karmaşası olduğunu söyler. Çünkü *ahu* kelimesi hem taraf hem kardeş anlamına gelmektedir. Yani hem "Onu aldım ve kendi tarafıma kattım" hem de "Onu aldım ve kardeşim yaptım" şeklinde okunabilir. Gılgamış'ın Enkidu'dan sürekli "kardeşim" diye bahsettiğini vurgulamak yerinde olacaktır. Ancak, bundan bir aile ilişkisini mi yoksa toplumsal bir denkliği mi kastettiği açıkça anlaşılmaz.

Editörlerin/Çevirmenlerin Yorumları

Herhangi bir antik metnin editörü ya da çevirmeni, çevirisini çalışmanın temellendiği kavramsal çerçeveye büyük ihtimalle yabancı olan modern okuyucuya sunarken çok sayıda tercih yapmak durumundadır.[13] (Jackson ve Keenan'ın bu baskıdaki görüşlerine de bakın.)

Geçmişte *Gılgamış Destanı*'nın İngilizce'deki ünlü bir çevirisi (Alexander Heidel'in çevirisi), erotik bölümlerde Latince'ye dönüyordu. Diğer çevirmenler, sert ifadelerin olduğu yerlerde, okurlar rahatsız olmasın diye, dolaylı anlatımı seçti. (Jackson'ın özel olarak bu konuyla ilgili görüşlerini aktardığı bölüme bakın.)

Enkidu'ya cinselliği öğreten kadına ne denileceği başlı başına bir sorundu. Kimisi ona "fahişe" dedi, kimisiyse "orospu". Bence bu hatalı ve yanıltıcı bir izlenim uyandırıyor. Kadının adı Shamhat. Bu, Babilce bir fiil olan *šamahu* sözcüğünden türemiş. Bu sözcük, "(bitkiler için) verimli ve hızlı gelişmek; sağlıklı biçimde büyümek; olağanüstü

---

12 Burada, Akad dilinden "sarılmak" olarak çevrilen sözcük, aslında cinsel ilişki anlamına geliyor. Biz de bu sözcüğü doğrudan anlamıyla çevirmemeyi uygun gördük. Çünkü bu konuda bir anlam karışıklığı var. Hem Eski Babil metninde hem de Klasik Metin'de "karıma sarılır gibi sarıldım ona," sözü geçiyor. Ne var ki, Babil'in resmi ve dini törenlerinde cinsel ilişkiye dair kullanılan sözcükler arasında "karı" sözcüğü hiç geçmiyor. Hem Eski Babil metninde hem de Klasik Metin'de "kadın" sözcüğü yerine "karı" sözcüğünün tercih edilmesi farklı bir şeyi imliyor olabilir. "Karıma sarılır gibi sarıldım ona," sözleriyle anlatılmak isteninin cinsel ilişki değil de şefkatli bir sarılma olması hiç de olanaksız değil.

13 Belirgin bir örnek antik tanrıların ve tarihi kişilerin isimleri. Bunlar kimi zaman kolayca çevrilebiliyor. Örneğin, Shamash "Güneş Tanrısı"; Sin ise "Ay Tanrısı" olarak çevrilebiliyor. Başka durumlardaysa ek bilgilendirmeler gerekli olabiliyor.

bir güzelliğe ve endama sahip olmak" gibi anlamlara geliyor. Sorun kısmen şuradan kaynaklanıyor; antik Babil uzmanlarının tapınaklarla ilişkili kadınları nitelemede kullanılan sözcüklerin arasında saydıkları *šamhatu* sözcüğü vardır. Bu kadınların ne iş yaptıklarına dair sağlam bir bilgi yok; ama bazı uzmanlar cinsel bir rolleri olduğuna inanıyor. Babil metinlerinde *šamhatu* sözcüğünün utanç verici olduğuna ilişkin hiçbir delil yok. Aslında yakın zamanda yayımlanan eski Babil dönemine ait bir metinde (MÖ 2000'li yılların başları), Nanaya-šamhat isimli bir kadına rastlıyoruz. Nanaya, Babil'in aşk tanrıçalarından biri ve sanıyorum ki isminin şöyle bir anlamı var: "Şehvetli Tanrıça Nanaya". Eğer böyleyse, Shamhat "Şehvetli Kadın" olarak nitelendirilebilir.

Gılgamış Destanı'nı bütünlüğü içinde değerlendiremesek de, bazı bölümler yarım veya tartışmalı olsa da, asırlar sonra bile üzerine konuşabildiğimiz bu eser, edebiyatın ve insanlığın başyapıtlarından biridir. Alewife'ın, Eski Babil metninde, Gılgamış'a söylediği gibi:

İnsanı yarattığında tanrılar,
Ölümü verdiler ona,
Sonsuz yaşamıysa kendilerine ayırdılar.

Robert D. Biggs
Chicago Üniversitesi
Doğu Enstitüsü

Okuma Önerileri

Bendt Alster, "Lugalbanda and the Early Epic Tradition in Mesopotamia" makalesi Tzvi Abusch, John Huehnergard, eds. , Piotr Steinkeller tarafından yayımlanan *Lingering over Words: Studies in Ancient Near Eastern Kiterature in Honor of William L. Moran* içinde (Atlanta, 1990), s. 59-72.

C. Collard, M. J. Cropp, K. H. Lee, eds. , *Euripides: Selected Fragmentary Plays*, vol. 1 (Warminster, 1995)

Jerrold S. Cooper, "Gilgamesh Dreams of Enkidu: The Evolution and Dilution of Narrative, Maria de Jong Ellis tarafından yayımlanan *Essays on the Ancient Near East in Memory of Jacob Joel Finkelstein* içinde (Hamdeb, Connecticut, 1977), s. 39-44.

Benjamin Foster, "Gilgamesh: Sex, Love and the Ascent of Knowledge", John H. Marks ve Robert M. Good tarafından yayımlanan *Love and Death in the Ancient Near East: Essays in Honor of Marvin H. Pope* içinde (Guilford, Connecticut, 1987), s. 21-42. Yeniden baskısı, John Maier tarafından *Gilgamesh: A Reader* başlıklı kitabın içinde yapıldı (Wauconda, IL, 1997).

Benjamin Foster, "On Authorship in Akkadian Literature," *Annali* (University of Naples) 51 (1991) 17-32.

Alexander Heidel, *The Gilgamesh Epic and Old Testament Parallels,* ikinci baskı (Chicago, 1949)

Thorkild Jacobsen, *The Sumerian King List,* Assyriological Studies 11 (Chicago, 1939)

Thorkild Jacobsen, "Lugalbanda and Ninsuna" *Journal of Cuneiform Studies* 41 (1989) 69-86

Thorkild Jacobsen, "The Gilgamesh Epic: Romantic and Tragic Vision" makalesi Tzvi Abusch, John Huehnergard, eds. , Piotr Steinkeller tarafından yayımlanan *Lingering over Words: Studies in Ancient Near Eastern Kiterature in Honor of William L. Moran* içinde (Atlanta, 1990), s. 231-49.

Dina Katz, *Gilgamesh and Akka* (Groningen, 1993).

Anne D. Kilmer, "Crossing the Waters of Death: The 'Stone Things' in the Gilgamesh Epic" *Wiener Zeitschrift die Kunde des Morgenlandes* 86 (1996) 213-17

W. G. Lambert, "A Catalogue of Texts and Authors", *Journal of Cuneiform Studies* 16 (1962) 59-77.

W. G Lambert, "Gilgamesh in Literature and Art: The Second and First Millennia" makalesi Ann Farkas tarafından yayımlanan *Monsters and Demons in the Ancient and Medieval Worlds* içinde (Mainz, 1987) s. 37-52. Yeniden baskısı, John Maier tarafından *Gilgamesh: A Reader* başlıklı kitabın içinde yapıldı (Wauconda, IL, 1997).

W. G. Lambert ve A. R. Millard, *Atra-hasis: The Babylonian Story of the Flood* (Oxford, 1969).

Benno Landsberger, "Scribal Concepts of Education", Carl H. Kraeling ve Robert M. Adams tarafından yayımlanan *City İnvincible: A Symposiun on Urbanization and Cultural Development in the Near East Held at the Oriental Institute of the University of Chicago, December 4-7*, 1958 (Chicago, 1960), s. 94-102.

Morgens Trolle Larsen, *The Conquest of Assyria: Excavations in an Antique Land* 1840-1860 (Londra ve New York, 1996).

Piotr Michalowski, "Sailing to Babylon, Reading the Dark Side of the Moon", Jerald S. Copper ve Glenn M. Schwartz tarafından yayımlanan *The Study of Ancient Near East in the Twenty-First Century: The William Foxwell Albright Centennial Conference* (Winoana Lake, 1996) içinde, s. 177-93.

William Moran, "Ovid's *blanda voluptas* and the Humanization of Enkidu, *"Journal of Near Eastern Studies* 50 (1991) 121-7. Yeniden baskısı, John Maier tarafından *Gilgamesh: A Reader* başlıklı kitabın içinde yapıldı (Wauconda, IL, 1997).

William Moran, "The Gilgamesh Epic: A Masterpiece from Ancient Mesopotamia" Jack M. Sasson tarafından yayımlanan *Civilizations of Ancient Near East* 4. cilt (New York, 1995) içinde s. 2327-36.

A. Leo Oppenheim, *Ancient Mesopotamia: Portrait of a Dead Civilization* (Chicago ve Londra, 1964). Gözden geçirilmiş yeni baskısı Erica Reiner tarafından yapıldı (Chicago ve Londra 1977).

Simo Parpola, "Assyrian Library Records", *Journal of Near Eastern Studies* 42 (1983) 1-29.

J. M Sasson, "Gilgamesh Epic", *Anchor Bible Dictionary*, 2. cilt (New York 1992), s. 1024-7.

Jeffrey H. Tigay, *The Evolution of the Gilgamesh Epic* (Philadelphia, 1982).

Gerald P. Verbrugghe ve John M. Wickersham, *Berossos and Manetho Introduced and Translated: Native Traditions in Ancient Mesopotamia and Egypt* (Ann Arbor, 1996).

Nicola Vulpe, "Irony and Unity in the Gilgamesh Epic," *Journal of Near Eastern Studies* 53 (1994) 275-83.

Christopher B. F. Walker, "The Kouyunjik Collection of Cuneiform Texts: Formation, Problems and Prospects", s. 183-93, F. M Fales ve B. J. Hickey tarafından yayımlanan *Austen Henry Layard tra l'Oriente e Venezia* içinde (Roma, 1987).

ŞEKİLLER

Sonraki sayfalardaki çizimler antik dünyayı temsil ediyor ve modern anlayışla bir köprü kurarken tarihsel bir bağlam yaratmayı amaçlıyor. Çizimler, sadece Kral Gılgamış'ın hanedanlığı dönemine ait çizimlerden ibaret değil. Aynı zamanda, mitolojik bir kahraman olan Gılgamış'la ilgili öykülerin daha sonraki kültürlerde yarattığı etkiyi ve bu etkileşimden doğan sentezi de içeriyor. Robert D. Biggs'in başlıkları şekillerin; edebiyatı, gündelik yaşamı ve dini yansıtan arka planını da açıklıyor. Şekil 1 ve 2 edebi geleneğin başlangıcını sergiliyor. Şekil 3-5 uygarlığın beşiğindeki antik Mezopotamya insanının "yaşamından bir güne" bakış olanağı sunuyor ve şekillerdeki botlarla sazdan kulübelerin hâlâ kullanımda olduğu bu coğrafyanın modern zamanlarına ışık tutuyor. Şekil 6-10 dinin antikçağ insanının yaşamındaki önemini gösteriyor. Karmaşık yapılı ziguratlar ve sanatsal açıdan gelişkin dini heykeller, dini etkinliğin önemini belgeler şekilde ayakta kaldılar. Son olarak da, Şekil 11-18, belki de, vazolar ve kaplardan mimariye kadar çeşitli alanlarda mitolojik kahramanları ölümsüzleştiriyor ve yüceltiyor. Sanatın evrenselliği ve farklı kültürler için önemi vurgulanıyor; masal anlatmanın eğlendiriciliği gösteriliyor.

Metnin içinde yer alan sayfa 19-33 arasındaki şekillerse orijinal yayıncının öyküyü resimlerle anlatmasını istediği Thom Kapheim'ın özgün çalışmalarıdır. Tahta kalıpla basılmış bu on beş çizim, bir bireyin insani ve dini deneyimlerin sınırlarını tanımlayıp aşarken sergilediği destansı kahramanlığı ve eylemlerinin derinliğini yansıtıyor.

11. Tablet'in bir bölümünün fotoğrafı, Gılgamış'ın "Tufan Tableti"nin Asur çiviyazısıyla yazılmış şekli. (1. Şekil)

Asur Kralı Ashurbanipal'in Başı, bir kireçtaşı panelinden. Kütüphanesinde
yapılan kazılar Mezopotamya edebiyatına dair önemli kaynaklar sağladı.
Gılgamış'ın önemli bir bölümü de bunların arasında. (2. Şekil)

Taş üzerine, süs amaçlı kabartma, geleneksel bir sazdan kulübeyi gösteriyor.
Saz yığınlarından yapılan bu tarz konutlar Irak'ın güneyindeki bataklık alanlarda
hâlâ yapılmakta ve kullanılmaktadır. (3. Şekil)

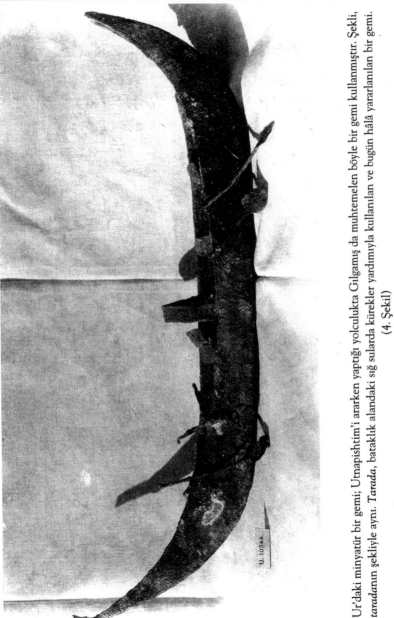

Ur'daki minyatür bir gemi; Utnapishtim'i ararken yaptığı yolculukta Gilgamış'da muhtemelen böyle bir gemi kullanmıştır. Şekli, *tarada*nın şekliyle aynı. *Tarada,* bataklık alandaki sığ sularda kürekler yardımıyla kullanılan ve bugün hâlâ yararlanılan bir gemi.

(4. Şekil)

Alçıtaşından bir plak, MÖ 2700-2600 dolaylarına ait, şölendeki bir erkek ve bir kadını resmediyor. Bir yandan da, hizmetliler yiyecek ve içecek getiriyor, müzisyenlerle dansçılarsa sunum yapıyor. Ortadaki deliğin kapıları korumakta kullanılan bir kanca için olduğu sanılıyor.

(5. Şekil)

Antik Uruk'taki Warka'da bulunan Eanna tapınağındaki zigurat. Bugün, Irak'ın güneyindedir. (6. Şekil)

1930 Kazıları'nda bulunan Ur'daki zigurat. Irak Eski Yapıtlar Dairesi tarafından büyük ölçüde elden geçirildiyse de, 1991 Savaşında büyük hasar gördü. (7. Şekil)

Ur'daki ziguratın yeniden yapım önerisi için ressamların çizdiği tablo. Bu zigurat, Antik Ur şehrindedir ve Sümer kralı Ur-Nammu'nun anıt mezarıdır. İncil'deki Babil Kulesi hemen hemen bu şekildedir. (8. Şekil)

Ayağı çömelmiş bir koçun üzerinde olan dört yüzlü tanrının ve vazo taşıyan dört yüzlü tanrıçanın bakırdan sunumu. MÖ 18. ve 17. yüzyıllar arasına aittir ve Irak'tadır. (9. Şekil)

Sümer taş yontusu, MÖ 2900-2600. Böyle yontuların bir tapınakta, tanrının huzurunda, dua eder şekilde duran savaşçıları temsil ettiğine inanılır. Antik Mezopotamya'da taş çok nadir bulunduğundan, böylesi yontular tanrıya sunulan pahalı armağanlardır. (10. Şekil)

Tel Halaf'ta bulunan taş kabartma, MÖ 1000 yılı civarı. Muhtemelen, Gılgamış ve Enkidu'nun Humbaba'yla savaşını gösteriyor. (11. Şekil)

MÖ birinci bin yılda yapılan bir bakır kap üzerine oyulmuş sahne. Belki de, soldaki Gilgamış, sağdakiyse Enkidu ve Humbaba'yı öldürmek üzereler. (12. Şekil)

MÖ birinci bin yıla ait, silindir biçimli Asur mührünün bu yuvarlanmış hali, Humbaba'nın öldürülüşünü gösteriyor ola-bilir. (13. Şekil)

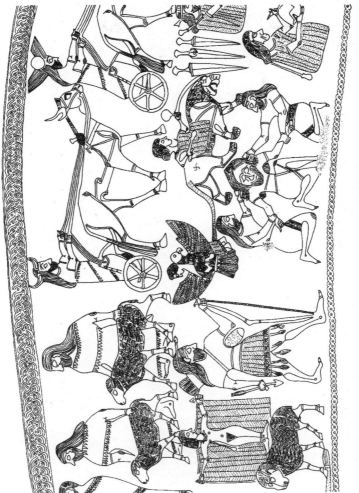

Hasanlu-İran'da bulunan altın bir kasenin üzerindeki şekillerde, iki adam ortalarındaki bir kişiye saldırıyor. Bu iki adam, Gilgamış ve Enkidu olabilir. (14. Şekil)

MÖ 750-650 yıllarına ait, bu yuvarlak Asur mühründeki ana topluluk canavar Humbaba'ya saldırı anını gösteriyor olabilir. (15. Şekil)

İkili bakır vazo, her vazo bir erkek güreşçinin başında duruyor, MÖ üçüncü bin yıl. Genel kabule göre, bu sahneler Gılgamış ve Enkidu'nun birbirleriyle kapışmalarıyla sonuçlanan ilk karşılaşmalarını yansıtıyor. (16. Şekil)

MÖ üçüncü bin yılın son dönemlerine ait yuvarlanmış bu silindir biçimli mührün solunda çıplak bir kahraman bir boğayı alt ediyor. Böyle düşünülse de, bu şeklin Gilgamış'ın Cennet Boğası'na saldırmasını temsil ettiği kesin değil. (17. Şekil)

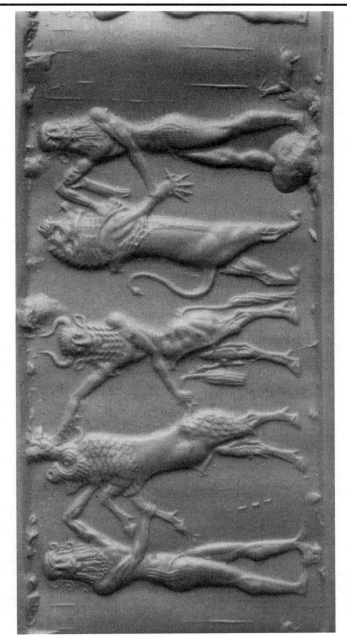

MÖ üçüncü bin yılın son çeyreğine ait, tıpkı önceki gibi, bir boğayı alt eden bir kahramanın silindir mührü. (18. Şekil)

GILGAMIŞ: BİR DEĞERLENDİRME[1]

G enellikle, *Gılgamış*'ın bir destan olduğu düşünülür. Öyleyse bile, bir destana ait olması gereken temel özelliklerin tümünü içermez; çünkü "Bir destan uzun, öyküsel bir şiirdir..." ve Gılgamış o kadar da uzun değildir. Gılgamış şiirsel bir öyküdür ve İlyada, Odessa ve Aeneid gibi diğer büyük klasik destanlara benzer şekilde tek bir kahramanın üzerine kuruludur. Ancak, birinci tablette adını ilk duyduğumuzda Uruk kralı pek de kahramanmış gibi görünmez bize. Geçmişteki başarıları her ne olursa olsun şu anki yaşamından pek de zevk almıyordu. Şu anki temel ilgisi kişisel doyumunu sağlamak için elinde bulundurduğu buyurma gücünde odaklanmaktadır. Uruk'un bakire gelinlerinin ilk geceleriyle, "başkalarının karılarını kendi emelleri için" (1. Tablet 2. Sütun) toplamakla ilgilidir.

Bir kahramana dönüştüğündeyse, bu kendi girişimiyle olmaz ya da kendi karakterinden kaynaklanmaz; hatta neredeyse şans eseri olur. Uruk kültüründen uzaklarda, steplerde yaşayan Enkidu kahramanın farklılaşmış benliğidir. Tüylü bir yabani, vahşi doğaya ait bir yaratık. Hayvanlarla iletişim kurabilir ve herhangi bir hayvan kapana kısıldığında, ansızın belirip onu kurtarır. Enkidu'nun faaliyetleri nedeniyle geçim sıkıntısına düşen avcının kendisine başvurmasından sonra, Gılgamış Shamhat adlı bir kadını, ilkel saflığını bozması için Enkidu'nun üzerine gönderir. Kadın onu baştan çıkarır, evcilleştirir ve insanlaştırır. Vahşi hayvanlar şimdi eski koruyucularından uzak dururlar; "onun yeni kişiliğinden kaçışırlar." Enkidu'nun Doğa'yla ve onun "dilsiz hayvanlarıyla" olan bağı sonsuza dek kopar.

En sonunda, Enkidu kasabaya gelir ve Gılgamış'la şiddetli bir kavgaya tutuşur (2. Tablet). Kavgadan, aniden gelişen bir dostluk doğar.

---

1 Aşağıdaki çalışma, bir *Gılgamış* uzmanına değil, bu eseri lisans öğrencilerine senelerdir anlatan bir öğretim görevlisine ait. Bu konudaki çalışmaların üç boyutu var. İlki, *Gılgamış* tabletlerini büyük bir özenle onaran, belli bir sıraya sokan ve bunların anlamlarını çözen uzmanlar; ikincisi *Gılgamış*'ı konuşma diline çeviren çevirmenler ve üçüncüsü de Danny Jackson gibi *Gılgamış*'ı edebi bir ürün biçemine sokanlar. Bu çalışmadaki amacım, ayrıntılara saplanmak değil, düşünceleri ve tartışmaları ateşlemek.

Kralın sıkıntısı noktalanır ve eyleme hazır hale gelir-şöhret arayışına. İki dost, Kutsal Sedir Ormanı'nın koruyucusu olan Humbaba isimli devi alt etmek için harekete geçer. Ormana girdiklerinde, Enkidu yaralanır (4. Tablet). Humbaba'yla karşı karşıya gelmek için ormanın derinliklerine dalarlar. Düğüm noktasında, acıklı bir şekilde af dileyen devin öldürülmesi için, kendisi de Doğa'nın eski bir koruyucusu olan Enkidu ısrarcı olur. Sonrasındaysa, Cennet Boğası'nı öldürürler. Bu, kızı İştar'ın cinsel isteklerini reddeden Gılgamış'a gök tanrısı Anu'nun gönderdiği cezadır. Enkidu'nun ısrarıyla Humbaba ve Öküz'e öldürücü darbeyi indirenin Gılgamış olmasına rağmen, yapılanların diyeti olarak canından olan Enkidu olur (7. Tablet).

Enkidu'nun ölümü (8. Tablet) Gılgamış'ı müthiş bir kedere sürükler. Sonuçta, sonsuz yaşamın sırrını bulmak için uzun ve zorlu bir yolculuğa girişir (9. -11. Tabletler). Karısıyla birlikte Büyük Tufan'dan sağ kurtulmayı başaran tek kişi olan Utnapishtim'in yerini aramaya koyulur. Başlı başına "düşsel bir eşik" olan, eziyetli yolculuğunda sayısız defa kaybolur ve yıllar önce Arnold van Gennep (*İlahi Dönüşüm*); daha yakın bir zamandaysa Victor Turner (*İlahi Süreç*) tarafından tanımlanan ilahi dönüşümün ıstırabını çeker. Artık bir krala hiç mi hiç benzemiyordur; bitkin ve yıpranmıştır. Hatta, görenler ondan ürker.

Yolculuğu sırasında ilk olarak zehirli akreplerle karşılaşır (9. Tablet); akreplerin görevi geçişi engellemektir. Kısa süre sonra, Gılgamış'ın Mashu Dağları üzerindeki geçide açılan kapıdan geçmesine izin verirler. Gece yolculuğu yapar, zifiri karanlıkta, "önünü görmeden ve soğukta tir tir titreyerek". Sonunda, "çiyle temizlenmiş sahil şeridine" ulaşır. Orada, Kalipso'ya* benzeyen, Siduri isimli bir deniz perisi vardır. Siduri, bir kulübede yaşamaktadır ve "içecekleri ruhu arındırır". Ona yön sorar; "denizler üstünden gidebileceği güvenli geçitleri". Periyse, ona insanın ölümlülüğünü ve zayıflığını anımsatır; dünyevi rahatlık ve zevklerden yararlanması için ısrarcı olur ve onu kalmaya ikna etmeye çabalar. Ama, o yoluna devam eder.

---

* Homeros'un *Odessa* eserinde bahsi geçen bir deniz perisi (Ç. N).

"Utnapishtim'in kayıkçısı" Urshanabi'ye gider. Urshanabi, Charon*'a benzer; "ölüm denizinde kürek çeker." Urshanabi, Ölüm Denizi'nden (10. Tablet) Utnapishtim'in yaşadığı yere varana kadar ona yardımcı olur. Utnapishtim'i ilk bulduğunda, o da körelmiş ve aksileşmiştir. Faydalı olacakmış gibi görünmez; ölüm konusunda kendi kafası da karışmıştır. Ne var ki, Gılgamış'a Büyük Tufan'da yaşananları anlatır (11. Tablet). Sonraysa, uykusuzluğa dayanıklılığını ölçer. Kahramanımız başarısız da olsa Utnapishtim'in karısının sempatisini kazanır. Bunun üzerine, Utnapishtim ona ölümsüzlük bitkisini bulacağı yeri tarif eder. Gılgamış, bir gölün dibinde bulunan bitkiyi kopartır. Ama, Uruk'a dönüş yolunda, bir havuzda yıkanırken bitkiyi havuzun yanında bir yere bırakır. Bir yılan etrafında sessizce süzülür, bitkiyi aşırır; karşılığındaysa kendi derisini bırakır, "geçmişi bir tarafa atar ve yaşamını sürdürür."[2] Gılgamış, yılan tarafından elinden alınan olasılığı yitirmiştir ("artık yalnız yılan sonsuz yaşam sahibidir"); ancak kendisine yeni bir dost edinmiştir: Urshanabi. Uruk'a, yolculuğundan eli boş olarak dönmüşse de şehrine yeni bir gözle bakabilme yetisini kazanmıştır.

◆◆◆

Yukarıda olay örgüsünü aktardığımız *Gılgamış*'ın günümüze ulaşan şekli dağınık ve bölüm bölümdür. Parçaları arasındaki organik bağlar her zaman açık seçik değildir; ama her nasılsa büyüleyici ve güçlü bir metin olarak kalmıştır. Bu büyüleyicilik, böylesine dar bir alana sığdırılan öyküsel biçim ve tarz zenginliğinden kaynaklanıyor gibidir. Gücüyse, merkezi öneme sahip izlekleri işlemesinden kaynaklanır.

Örneklendirmek için, öncelikle şunu itiraf etmeliyim ki yıllar önce *Gılgamış*'ı ilk okuyuşumda, Gılgamış'la Enkidu'nun ilk karşılaşması ("Güç timsali dostlar dövüştüler evvel/ birbirlerini ite kalka/ saatlerce sürdü hınçları"- 2. Tablet 6. Sütun) bana çocukların izlediği bir televizyon programını hatırlattı: Disney'in Davy Crockett serisi; özellikle de Davy'nin kayıkçı Mike Fink'le karşılaştığı bölümü. Anımsadığım

---

* Yunan mitolojisinde, Erebus'un oğullarından biridir ve ölülerin ruhlarını deniz yoluyla yeraltına taşır (Ç. N).

2 Yılanın sembolik yönleri için: Joseph Campbell, *The Power of Myth* 45-47.

kadarıyla aralarında amansız bir kavga oldu; Davy, Mike'ı alt etti ve düşmanlar iki dost oldu. Orman Kralı ve Irmak Kralı Amerikan hudutlarını genişletmek için işbirliği yaptı. Yıllar sonra Lincoln'un, hukuki danışmanı William Herndon tarafından yazılan, yarı destansı yarı gerçekçi yaşamöyküsünü okurken de genç Abe'nin Jack Armstrong isminde bir yerliyle kavgaya tutuştuğunu ve bunun ömür boyu sürecek bir dostluğu başlattığını okumuştum. Ya da en azından Herndon böyle diyordu.

Eğlenceli, uzun öykülerin kullandığı bir içerik bu; *Gılgamış* kesinlikle bunun çok ötesini ifade ediyor. Öykü biçimlerinin daha asil bir ucunda yer aldığından akla Mircea Eliade'in mitler hakkındaki tanımını getiriyor. Mitler, bütün zaman ve mekanlarda yaratılışın ilahi öyküleridir, zamandan bağımsızdırlar; güncel deneyimler de bunu ispatlıyor.[3] Bu anlamda *Gılgamış* pek çok yönden mitseldir; ama özellikle öykünün temelini oluşturan iki bölüm açısından. Başlangıçta, Enkidu'nun cinsel şehvetle masumiyetini yitirmesi ve sonlara doğru Gılgamış'ın sonsuz yaşam bitkisini yılana kaptırması. Erkek, kadın, yılan ve bitkiden meydana gelen yapısı, her ne kadar Gılgamış daha kısa ve oldukça farklı da olsa, akla Eski Ahit'in ilk kitabındaki 2:4 ve 3:24'ü[4] getiriyor. Burada, en çok da mitsel bir bağlamda anlaşılabilecek Adem'le Havva'nın öyküsüne değiniliyor. Tanrısal bilginin yerine kendilerine yılan tarafından önerilen 'meyve'yi yiyerek, cinsel şehvete dayalı bilgiyi[5] seçiyorlar. Masumiyetlerini ve fiziksel ölümsüzlüklerini yitirip yerine başka bir ölümsüzlük biçimi kazanıyorlar: gelecek nesilleri yaratma yetisi. Ne Gılgamış ne de Enkidu böyle bir olasılıkla hareket ediyor; ama bu, öykünün bütününde sembolik olarak ifade ediliyor ve özellikle de Siduri'nin Gılgamış'a yaptığı öneride vurgulanıyor (10. Tablet 3. Sütun): "Aşkının can vereceği sevgi dolu çocuklar... Seçilmiş karınla sevinç içinde oynaş."[6]

3 Farklı çalışmalar bu konuda çok değişik tanımlar üretmiştir. Bense, *Myth and Reality*'i esas alıyorum (5-8).
4 Campbell, *The Power of Myth* 45-50.
5 W. Gunther Plaut (ed.), *The Torah: A Modern Commentary* 38-42, 39'da.
6 Ayrıntı için bkz. David Halperin, *One Hundred Years of Homosexuality* 75-87, özellikle 81.

Aynı şekilde mitsel olan ve Eski Ahit'in ilk kitabıyla bağdaşan diğer bir unsursa, öykünün başlarında *Gılgamış*'ın Doğa ve Kültür arasındaki gergin ilişkinin bilincine varmasıdır, "kuramsal mitlerin merkezi ve en genel sorunlarından biri"[7]. Yapısalcı yaklaşımın öncelikli yorumlarından olan bu ilişki, Enkidu'nun evcilleştiği bölüm vurgulanarak açıklanır. Orada, Doğa'nın keskin bir temsilcisi olan Enkidu, tam anlamıyla yerleşik yaşamın temsilcisi olan bir kadın tarafından evcilleştirilir.[8] Doğa ve kültür arasındaki gerilim Humbaba bölümünde de aynı oranda açık seçiktir. Bir açıdan bölüm basit bir kahramanlık öyküsüdür; ama aslında Enkidu, Gılgamış'ın annesi Ninsun ve bütün Uruk halkı için özgün tehlikeleri ve korkuyu ifade eder. Eğer bölüm salt bir kahramanlık öyküsü olarak okunursa, Humbaba bir halk hikayesinin kas yığını, ürkütücü, kötü devi oluyor. Ancak, başka bir gözle, Humbaba Kutsal Sedir Ormanı'nın Koruyucusu'dur. "Humbaba'yı oraya, davetsiz misafirleri öfkesi ve korkunç ulumalarıyla kovması için Enlil göndermiştir." Öldürülmesi, korumakla görevlendirildiği ormanın karşı konulamaz sonunun başlangıcıdır.[9] William Faulkner'ın 'Ayı'sındaki Old Ben yere düştüğünde onunla birlikte yalnızlık, münzevilik ve direngenlik de yere düşer ya, Humbaba'nın düşüşü de aynı sonucu doğurur. Bir zamanlar kutsal olan, şimdi ayağa düşmüştür. Humbaba'nın devasa sedir ağaçlarını kesen baltaların sesleri, odunları taşıyan trenlerin çığlıkları duyuluyordu ("Bir zamanlar zararsızdı... Artık yine zararsız.") Old Ben'in Vahşiliği[10] yerle bir oluyordu.

"Masumiyetin Yitişi" ve "Doğa ve Kültür" gibi genel izleklerin yanı sıra İncil'dekileri çağrıştıran daha somutları da var.[11] İkisi daha belirgin. Daha az bilineni, 6. Tablet'te İştar, Gılgamış ve İştar'ın babası

---

7 G. S Kirk, *Myth: Its Meaning and Functions*, özellikle 132-152 (alıntıysa 132. sayfadan). Burada anlatılan genel olarak Gılgamış ve Enkidu'yla ilgili. Öykünün bütününün özetini ve tartışmalarını serimlemesi açısından da değerli bir kaynak. Sümer ve Akad metinlerini birbirinden ayırmada da başarılı. Ayrıca bkz. Thomas Van Nortwick, *Somewhere I Have Never Traveled* 8-38.

8 Kadın hiçbir yerde bir orospu ya da kutsal orospu olarak nitelenmese de, genelde böyle olduğu kabul edilmiştir. Heredot'un iki bin beş yüz yıl öncesinde anlattıklarına bakılırsa da, bu kurum Mezopotamya'ya yabancı değil.

9 John Perlin, *A Forest Journey* 35-43.

10 Kutsal ormanlar üzerine daha ayrıntılı bilgi için bkz., Simon Schama, *Landscape and Memory*, özelde 1. Bölüm ve daha da özelde 1. Bölüm'deki 4. Ünite.

11 Alexander Heidel, *The Gilgamesh Epic and Old Testament Parallels*, 4. Ünite (224-269).

Anu'nun yapıp ettikleri. Onların buradaki davranışları, Eski Ahit'in ilk kitabında Joseph'in öyküsünün anlatıldığı 39. Bölümde geçen Potiphar'ın karısı motifini çağrıştırır.[12] Bu motifte huysuz, ihtiyar bir kadın öykünün kahramanının erdemini zedelemeye kalkışır. Reddedilince çılgına döner, onu ahlaksız davranışlarda bulunmakla; (Gılgamış'ta böyle olmasa da) genellikle de tecavüze yeltenmekle suçlar. Çoğunlukla, kocasına veya babasına yaptığı bu şikayetlere inanılır ve bu da kahramanın huzurunu bozar. Bu motif, pek çok geleneksel öyküde yaygındır. Belki etkileşim nedeniyle; belki de, teknik bir açıklamayla, Oidipus kompleksinin belirtilerini yansıttığı için. Bu komplekste, "oğul" "anne"nin peşine düşer ve "baba"yı ortadan kaldırmayı amaçlar. Bu motifteyse "oğul" "anne"nin peşini bırakır ve "baba" tarafından yok edilme riskine girer. Motifin yaygınlığı yinelenen ailevi ve insani sorunları üstü kapalı olarak belirtir. Antik dönemden kalma pek çok örnek vardır: Mısır'a ait " İki Kardeşin Öyküsü"; İlyada'daki Yunan efsanesi Bellerophones (İlyada 6.) veya özellikle Euripides trajedisinde anıldığı şekliyle Hipponoos.[13] Ama bu konuyu yeniden ele alan çok sayıda modern yapıt da var. Bunlardan bazılarını şöyle sıralayabiliriz: To Kill a Mockingbird (Bir Alaycı Kuşu Öldürmek)-Harper Lee; The Fixer (Belirleyici)-Bernard Malamud ve hepsinden önce Richard Wright'ın büyük ve tiksindirici romanı Native Son (Yerli Oğul).

Ama, Gılgamış'taki Potiphar'ın karısı motifinden daha çok bilinen ve ilk duyulduğunda ortalığı karıştıran öykü 11. Tablet'te Utnapishtim tarafından aktarılan tufan öyküsü. Eski Ahit'in ilk kitabındaki Nuh tufanıyla olan benzerliği büyük şaşkınlık yarattı. "Gemileri"ni inşa etmelerinden tufanlarının dindiğini anlamak için kuşları salıvermelerine kadar öylesine çok benzer yönleri var ki, bunların tesadüf olması hemen hemen imkansız. Ama olayların sonunda, bakış açılarındaki farklılık da aynı derecede dikkat çekici. Örneğin, Nuh kurtulunca kut-

---

12 Shalom Goldman (The Wiles of Women, The Wiles of Men) Gılgamış'taki Potiphar'ın karısı motifine değinmiş fakat derinlemesine irdelememiştir.

13 Hippolytus'un üvey annesinin arzularını çok sert biçimde reddi ve kadın düşmanı Gılgamış'ın İştar'a yağdırdığı küfürleri akla getiriyor. Gılgamış, kadının önceki şanssız aşıklarının listesini çıkarıyor. Espritüel biçimde verilmiş benzeri bir listeye de İlyada'nın XIV. bölümünde rastlarız. Zeus'un karısı Hera tarafından aldatılması. Cennet Boğası, Theseus tarafından oğlu Hippolytus'u öldürmek için salıverilen boğa sahnesine kaynaklık etmiş gibidir.

sal şükranlarını sunuyor ve yaşamına kaldığı yerden devam ediyor; ürüyor ve çoğalıyor.[14] Ancak, büyük selin yarattığı kıyımı gören Utnapishtim'in ilk işi ağlamak oluyor:

> Öylesine durgun sonrasında şafak
> çamura yenik düşmüştü tüm insanlar
> dünyanın kendisi geniş bir çatıydı.
> Ana kapıdan içeri baktım bir sabah güneşiyle
> döndüm sonra, diz çöktüm ve ağladım
> Gözümde bir sel oldu yaşlar.

(11. Tablet 3. Sütun)

Vicdan azabı içindeki Mezopotamya tanrıları tufanlarından pişman olur (İştar bile kederlendi/üzgün halkının kaderine) ve ağız dalaşına girerler: "Bunca küçücük insanı nasıl boğarsın sularda/bana sormadan?" der Ea, Enlil'e (4. Sütun). "Sana saldıranı öldürmekle yetinseydin keşke/onu boğsaydın sadece." İncil'in tanrısı yapıp ettiklerinin üzerine düşünmez, pişman olmaz ve kararlarını sorgulayacak herhangi biri de yoktur.

Gılgamış'ı çok sayıda modern insana ulaştırmak için çok fazla çaba harcayan Alexander Heidel bile Eski Ahit'in ilk kitabındaki tufanı daha gelişkin ve ahlaki açıdan daha üstün bulur. Heidel'e göre *Gılgamış*'taki tufanın "ne ahlaki ne de etik bir dürtüsü vardır." Tufanın nedeni kapristir, çoktanrılı dinin tanrıları aptaldır, korkaktır ve kafaları karışmıştır. İncil'deki tufansa, "her şeye muktedir, insanoğluna karşı adaletli, adaletin gerçekleşmesi için dünyayı ortadan kaldırmayı bile göze alabilecek, ilkeli bir tanrının işi"dir. İncil'deki sel "açıkça ahlaki bir karardır ve kusursuzdur... Tanrı bir daha tufan göndermeme kararı da alsa, yarattığı yıkımdan pişman olduğuna hiçbir yerde rastlanmaz."[15] Pişmanlığın esamisinin okunmaması övgüye değer bir durum sayılıyor.

Heidel'in görüşlerine saygı duymakla birlikte, iki tufan hikayesini başka bir açıdan incelemek faydalı olacaktır. Heidel'in İncil oku-

---

14 Elie Wiesel, *Sages and Dreamers* 19-34.
15 Heidel, *The Gilgamesh Epic* 268-69 (Heidel'in vurgusu).

masından, oradaki tufanın dünyanın hep özlemi çekilen bir biçime bürünmesi için olduğu sonucunu çıkaracağız: kararlı, adil ve Biri'nin güvenilir gözetimi altında. Mezopotamya anlatımındaysa dünya, deneyimlerimize daha uygun olarak, çelişkileri ve hepimize özgü korkuları içinde aktarılmış. Böylesi bir yaklaşımın kışkırtıcı bir takım soruları da beraberinde getirmesi kaçınılmazdır. Örneğin: Peki ya selin ezip geçtiği çocuklar ne olacak; "Kutsal Kitap'ın yaşam belirlenimine göre iyi mi günahkar mı; yüce mi sıradan mı olacaklarını tercih edebilme şansından mahrum kalan çocuklar?"[16]

Şurası açık ki, *Gılgamış* bu ve benzeri sorulardan endişe duymuyor. O, kahramanlık ve dostlukla; ölüm ve kederle ilgili; genel olarak okurlarına da bunu sunuyor. Ernest Becker'in *Denial of Death* eseri Kierkegaard'ın varoluşçuluğuyla Otto Rank'in psikolojisinin güçlü bir karışımıdır. Bu eserinde, Gılgamış'ın Enkidu'yla serüvenlerinin kendi ölümlülüğüne karşı bir savunma mekanizması olduğunu ve böylesi bir sorgulamanın doğrudan sonucu olabilecek bir çılgınlıktan onu alıkoyduğunu ileri sürer. Serüvenler sonlanıp da arkadaşı ölünce, kendi cehennemiyle yüzleşecek ve delirecektir. Sevilen birinin ölümü karşısındaki ilk üzüntü, duyusal patlama, çöküşe neden olabilecek şok, pek çoğumuzun yaşadığı o evrensel acı Gılgamış'ta çok daha derin olacaktır. Tıpkı *İlyada'nın* 18. Bölümü'nde Akhilleus'un Patroklos'un ölümü karşısındaki tepkisi gibi:

> İki eliyle külü alıp, onu başından
> aşağı boca ederek güzel yüzünü çirkinleştirdi.
> Kara kül tanrısal gömleğinin üzerine bulandı.
> Tozun dumanın içine düşüp yattı ve elleriyle saçlarını
> yolmaya başladı. *
>
> (23. -27. Satırlar)

---

16 Hans Jonas, "The Concept of God after Auschwitz", Albert H. Friedlander tarafından yayımlanan Out of the Whirlwind: *A Reader of Holocaust Literature* içinde 465-476. Aynı zamanda bakınız Fyodor Dostoyevsky, Karamazov Kardeşler, 5. Kitap 4. Bölüm (İsyan).

* İlyada, Arkadaş Yayınevi, Ankara Mayıs 2004, Çevirmen:Fulya Koçak

Akhilleus gibi Gılgamış da arkadaşı ölüp giderken sağ kalmanın acısını yaşayacaktı, "arkadaşım olduğu yerde benim için bulunuyordu." Ve arkadaşının ölümü "sağ kalanın yaşamında telafisi mümkün olmayan kırılmalara yol açarak, yaşamını keskin biçimde ikiye ayırabilirdi."[17] Wittgenstein'ın kendinden emin saptamasına rağmen ("Yaşamda ölüme yer yoktur. Ölüm yaşama ait bir olay değildir. O, dünyevi bir olgu değildir.")[18], Enkidu'nun ölümü Gılgamış'a ölümün her şeye karşın "yaşama ait bir olay olduğunu", "yaşanması" ve kavranması gerektiğini gösterir.[19] Büyük yolculuğu ilk başta Enkidu'nun yaşamıyla ilgiliydi; ama zaman içinde kendi yaşamı ve ölümüyle ilgili hale geldi. İlk başta Enkidu'nun yasına kapıldı, Elizabeth Kübler-Ross'un otuz yıl önce On Death and Dying'de anlattığı aşamalardan geçti; özellikle de öfke, bunalım ve pazarlık etme aşamalarından. Ancak sonrasında kendi için de üzülmeye başladı. Yolculuğun ortasında Urshanabi'ye şöyle dedi:

Hızımı kesemedim. Durduramadım ağıdımı.

Arkadaşım öldü ve koptu yüreğimin yarısı.

Onun gibi olmayacak mıyım yakında?

Buz kesmiş bedenimin tüm canlılığı yitecek sonsuza dek.

(10. Tablet 3. Sütun)

Ama en sonunda, yolculuğu noktalanıp da öykünün sonuna gelince Uruk'u Urshanabi'ye anlatmaya başlar-ama sadece başlar- ("Şimdi ayağa kalk Urshanabi ve Uruk'un duvarını yokla..."). Enkidu'nun yitişini ve kendi ölümlülüğünü kabullenmiş gibidir. Bu arada Gılgamış yaşamını sürdürür ve biz de onun örneğiyle aydınlanırız. Bize şunu hatırlatan bir çalışmanın sayfalarını kapatmışızdır:

esaslı bir hikaye ister ki, ahlaki imgelemi
zengin olsun anlatanın; öyle örneklesin ki
öğrenelim, ta yüreğimizle, nedir bize onur bahşeden?[20]

James G. Keenan

Chicago Loyola Üniversitesi

---

17 Jonathan Shay, Achilles in Vietnam 39-40.
18 Wittgenstein'ın 1914-1916 Elyazmaları'ndan.
19 John S. Dunne, Time and Myth, özellikle 7-15
20 Robert Coles, The Call of Stories 191.

İkinci Dereceden
Yararlanılan Kaynaklar

Becker, Ernest. *The Denial of Teath.* The Free Press: New York, 1973

Campbell, Joseph. *The Power of Myth.* Doubleday: New York, 1998 (Bill Moyers'le birlikte).

Coles Robert. *The Call of Stories:* Theaching and the Moral Imagination. Houghton Mifflin Company: Boston, 1989.

Dunne, John S. *Time and Myth: A Mediation on Storytelling as an Eploration of Life and Death.* University of Notre Dame Press: Notre Dame ve Lontra, 1975.

Eliade, Mircea. *Myth and Reality.* Harper Torchbooks: New York, 1963

Goldman, Shalom. *The Wiles of Women, the Wiles of Men: Joseph and Potiphar's Wife in Ancient Near Eastern, Jemish, and Islamic Folklore.* Stade University of New York Press: Albany, 1995

Halperin, David. *One Hundret Years of Homosexuality and Other Essays on Greek Love* (4. Bölüm, "Heroes and Their Pals,) 75-87).

Heidel, Alexander. *The Gilgamesh Epic and Old Testament Parallels.* The University of Chicago Press: Chicago ve Londra, yeni baskı 1963, ilk baskı 1946.

Jonas, Hans. Albert H. Friedlander'in editörlüğünde hazırlanan *Out of the Whirlwind: A reader of Holocaust Literature* içinde "The Concept of God After Auschwitz. Shocken Books: New York, 1976 (s. 465-476).

Kirk, G. S. Myth: *Its Meaning and Functions in Ancient and Other Cultures.* The University of California Press: Berkeley and Los Angeles, 1975.

Kübler-Ross, Elisabeth. *On Death and Dying.* Macmillan Publishing

Company: New York, 1969.

Lanzmann, Claude. *Shoah: An Oral History of the Holacaust*. Pantheon Books: New York, 1985.

Perlin, John. *A Forest Journey: The Role of Wood in the Development of Civilization*. Harvard University Press: Cambridge, Matrasauf ve Londra, 1991.

Plaut, W. Gunther, *The Torah: A Modern Commentary*. The Union of American Hebrew Congregations: New York, 1981.

Schama, Simon. *Landscape and Memory*. Alfred A. Knopf: New York, 1995.

Shay, Jonathan. *Achilles in Vietnam: Combat Trauma and tha Undoing of Character*. Atheneum: New York, 1994.

Turner Victor. *The Ritual Process: Structure and Anti-Structure*. Aldine Publishing Company: Chicago, 1969.

Van Gennep, Arnold. *The Rites of Passage*. The University of Chicago Press: Chicago, 1960 (Monika B. Vizedom Gabrielle T. Caffee tarafından 1909'da yapılan İngilizce çevirinin yenilenmiş baskısı.)

Van Nortwick, Thomas. Somewhere I Have Never Travelled: The Hero's Journey (1. Bölüm, "The Wild Man: *The Epic of Gilgamesh*," 3-38). Oxford University Press: New York and Oxford, 1996.

Westphal, Jonathan, and Levenson, Carl *Life and Death*. Hackett Felsefe Dizisi. Hackett Publishing Company: Indianapolis ve Cambridge, 1993.

Wiesel, Elis. *Sages and Dreamers: Biblical, Talmudic and Hasidic Portraits and Legends* ("Noah," 9-34). Summit Books: New York, 1991.

Şiirsel Niyetim

ŞİİRSEL NİYETİM
Çeviride Uyum

Bu destanın dilbilimsel ve estetik sorunlarını vurgularken, yapabileceğimiz en iyi şey bu metnin esasına yönelik sorulara yanıt bulamadığımız alçakgönüllükle itiraf etmektir. Bu konuda kesin yanıtlar üretemeyişimin, modern akademik yaşamın bir gerçeği olduğu kanısındayım. İngilizce konuşan ülkelerde çiviyazısı çevirisi konusunda uzmanlaşmaya yönelik ne bir yüksekokul ne de bir lisans programı var. Bu çabaya, bir karşılaştırmalı klasikçi olarak girişiyorum. Yunanca ve Latince eğitimi konusunda on beş yıllık deneyimim var. Bunun hemen hemen yarısı kadar bir süre de, Fransızca ve İspanyolca eğitmenliği yaptım. Şansın yardımıyla, çok sayıda lehçeyi "doğal diller" olarak kavrayabilecek şekilde yetiştim. Çiviyazısı konusundaki bilgim kendi çabalarımla öğrendiğim üstünkörü bilgilerdir. Ancak, otuz yıldır hemen her gün İngilizce şiir yazmaktayım. Ezra Pound gibi ben de, bir çevirmenin başarısının şiirsel donanımdan, dengeden, ustalıktan, el çabukluğundan ve şanstan kaynaklandığına inanıyorum.

Çevirmenlerin politikliği ve önyargılılığı konusundaki genel kanı doğrudur. Ancak şurası açık ki, çeviri bir uyum arayışı olduğuna göre uygun sözcüğü seçmekle yükümlü bir kişiyi bu uğraşta bulunduğu için eleştirmek çok güçtür.

Gılgamış Çevirim Üzerindeki Etkiler

Gılgamış'ın özgün metniyle aşinalığım Pennsylvania Üniversitesi Arkeoloji Müzesi'ne yaptığım ziyaretlerle sınırlıdır. Orada, Hermann Behrens ve Earl Leichty kendi koleksiyonlarında kısmi olarak bulunan tabletleri bana okuma nezaketinde bulundular. 1991 Kasım'ında bu işe giriştiğimde, şiirin İngilizce'deki yedi basımından haberdardım. Bunların çevirmenleri sırasıyla şöyledir: Thompson (1928), Leonard (1934), Heidel (1946), Mason (1970), Sandars (1972), Maier/ Gardner (1984) ve Kovacs (1989). Bunlar sayesinde teoriler, örnekler, öneriler, enerji, öğütler, çizimler edindim; yanlışlıkları süzdüm. Ve şimdi onarla aramda bir yoldaşlık bağı hissediyorum; ancak Everest Tepesi'yle karşılaştırılabilecek asırlık birikimlerinde, kendi konumumu görmemi sağlayacak bir yoldaşlık bağı. Eksiklikleri beni aydınlattı. Başarıları bana kafa tuttu. Son noktayı koyamamaları, bana da bu konuda mükemmeli yakalayamayacağımı gösterdi... Ne kadar çabalarsam çabalayayım... Ne kadar çalışırsam çalışayım. Ne yaparsam yapayım, bu çaba ancak alçakgönüllükle mümkün. Bu çabalarımı önceleyen pek çok öğretmen bana destan çevirisinin ne bela bir uğraş olduğunu gösterdi. New York'ta Bernard Dick, Allen Mandlebaum ve Frederick Golden'le çalıştım. Brooklyn Koleji'nde James Mantiband'la birlikte öğretmenlik yaptım. Aeneid, İlahi Komedya ve Roland'ın Ezgisi üzerine çalışmaları tercihlerimde belirleyici oldu.

Ezra Pound'un çalışmaları, özellikle de "Homage To Sextus Propertius (Propertius'a Saygı)", beni sanatın o tanımsız zevkinden mahrum olanlardan çok daha fazla etkilemiştir. Onlar, heyecandan çok eziyet veren bir gerçek arayışının tutsakları ne de olsa.

İlgisiz de görülse, Ehud Ya'ari ve Ina Friedman'ın "Curses in Verses (Şiirin Lanetleri)" (*Atlantic Monthly*, Şubat 1991) isimli makaleleri de beni etkiledi. Metnin belli bölümlerindeki (6. Tablet, 35. ve sonraki satırlar) uyak düzenleri, Yakındoğu'nun alaycı şiir geleneğiyle bir kan bağına sahipti.

Bir başka etki de, Gılgamış'ın yeraltını ziyarete[1] hazırlanan Enkidu'ya protokole ilişkin önerilerde bulunduğu 12. Tabletin 12. Satırı'nda görülebilir. Benzer iletisi olan bir şarkı aradım, ritmi bu bölümün sözleriyle örtüşecek bir şarkı. Böylece, ölünün ruhuyla ilgili bir konuya uygun tınıları bulabilecektim. Batı müziğinin en eski ilahilerinden birini ("Oh Come, Oh Come, Emmanuel") seçtim. Eğer okuyucu, Katolik içeriğini göz ardı ederek bu ezgiyi aklında tutabilirse, o bölümde amaçladığım okuma biçimini ve törenselliği sağlamış olacağım.

Gılgamış'ın Klasik biçiminin editörü ya da derleyeni olduğu yaygın kabul gören Sin-leqe-unninni'nin böylesi bir kelime oyunundan memnun olacağı kanısındayım. Bu buluşlar, sonraki çevirmenler için bir kazanımdır. Öykünün diline heyecan katmayı hedefleyen bu girişimlere ya karşı çıkacaklar ya da öykünecekler.

---

1 Yeraltı yolculukları edebiyatına yeni ve önemli bir katkı da 1996 yılında yayımlanan Alan Epstein'in *The Formations of Hell* isimli yapıtıdır. Eser, Cornell University Press tarafından yayımlandı.

Bir Tercih Olarak Çeviri

Gılgamış'ın çevirmenleri arasında belirgin uyuşmazlıklardan biri Shamhat ile birlikte düşünülmesi gereken *harimtu* ya da *šamhatu* gibi kelimelerin nasıl çevrileceğidir. "Orospu" ya da "fahişe" belli bazı çevirilerde (Ferry, 1992 ve Gardner/ Maier, 1984) kullanıldı. Bazıları, "rahibe" (Leonard, 1934) kelimesini kullandı. Bazıları çok daha farklı yaklaştı (1958'deki çevirisinde Spenser Shamhat'ı "şeker kız" diye niteledi.); diğerleriyse tarafsız kalmayı yeğledi (Mason "yaratık" dedi). Bense, birçok nedenden ötürü bir dizi seçeneği birlikte kullanmayı tercih ediyorum ("kutsal tapınak rahibesi", "İştar'ın kutsayıcısı", "aşık", "kadın").

İlk baskıya yazdığım önsözde de belirttiğim gibi, antik çağın cinsel yaşamında tapınak görevlilerinin nasıl bir rolü olduğunu tam olarak değerlendirip anlayabilecek konumda değiliz. Davranışlarını güncel düşünce biçimleriyle yargılamak hatalı bir yaklaşım olacaktır. Özellikle de bizim şehirlerimizin sokaklarında bugün yapılan fahişelik gibi bir şeyin o zamanlar söz konusu olmaması nedeniyle. 1985 yazında *New York Times* için hazırladığım ergen fahişeliğiyle ilgili bir yazı kapsamında, çok sayıda sokak fahişesiyle görüştüm. Görüştüğüm genç kadınlardan hiçbiri bana bir karakter olarak Shamhat'la ilgili herhangi bir şey anımsatmadı. Onun Enkidu üzerindeki uygarlaştırıcı ve heyecan verici etkisi öyle karmaşık ki tek bir sözcükle ifade edilmesi imkansız. "Eş" anlamında "karı" kelimesinin bunu karşılamayacağı açık. Bu nedenle, tanımladığım yanlışlara kendim de düşmemek için yargılayıcı ifadelerden kaçınmaya çalıştım.

1. Tabletin 4. Sütunu'ndaki tek bir satırın değişik çevirmenler tarafından yapılan çevirilerindeki farklılıklar yol gösterici olacaktır.

Orijinalinde şöyle:

Ur-tam-mi^{sal} Šam-hat di-da-ša ip-te-e-ma ku-zu-ub-ša il-gi

Ben şöyle çevirdim:

Shamhat giysilerini çıkarıp açığa çıkardı mutluluk kaynağını.

Gardner/ Maier ise şöyle:

Fahişe çözüverdi geniş kemerini ve bacaklarını açtı.

Hangisinin anlatımı daha açık? Peki, aşağıdaki gibi çeviren Leonard'la hangi düzlemde karşılaştırılabilirler:

Kopçasını açtı rahibe ve zevke bıraktı kendini.

Çevirenin cinsiyetinin çeviriyi çok değiştirdiği düşüncesinde misiniz? Nancy Sandars'ın çevirisini bir düşünün:

Utanmadı onu içine almaktan, soyundu ve selamladı hevesini.

Ya da Maureen Kovacs'ınki:

Ellerini çekti üzerinden göğüslerinin ve Shamhat açtı vulvasını, Enkidu daldı şehvetinin içine.

Mason tüm bölümü alıntılarken onu bir fahişe olarak niteliyor. Speiser şöyle diyor:

Şeker kız açtı memelerini, çırılçıplak bıraktı göğüslerini, Enkidu sahip oldu tam kıvamında ona.

1987'de Foster şunu iddia etti:

Çıkardı üzerindekileri ve vulvasını açtı.

1992'den bu yanaysa çevirmenler aşırılıklara geri döndü. Ferry, kraliyet dönemindeki edasıyla Shamhat'ı yeniden "orospu" olarak niteledi. Zemansa, ne yaptığına pek de değinmeden, onun sesini Disneyland'daki Kar Beyaz'la özdeşleştirdi.

Belki de son gülen Heidel'di. 1946'da bütün bu karmaşadan kaçınarak, kendi çevirisinde metnin ilgili bölümünü Latince yayımladı:

Meretrix nudabat sinum suum, aperiebat gremium suum...

Bütün bunların benim için ne ifade ettiğine değinmeyeceğim. Şimdi, bütün öğrenciler Babil Kulesi'nin torunlarının sağ salim olduğundan emin olarak birbirleriyle tartışabilirler.

Bir Denklem Olarak Çeviri

Denklemler matematik öğrencilerinin çok hoşuna gider. Edebiyatla ilgilenenlerinse böyle formüller geliştirmeleri çok nadirdir. Ama genelde, şiirsel karışıklıkların aritmetik dersi alan arkadaşlarındaki gibi basit formüllere indirgenebileceğini düşünürler. Eğer birisi beni Gılgamış çevirime cebirsel bir denklik oluşturmam için zorlasaydı, herhalde geliştirebileceklerimin en iyisi şöyle olurdu:

$$orijinal\ metin^5 + Smith - Thompson \times Heidel^2 + \frac{Mason}{Sandars} \times Maier^4 - Kovacs = Jackson$$

Bu ne anlama mı geliyor?

Bu şu anlama geliyor: Orijinal metin, onca eksikliğine rağmen bütün çevirilerin kalkış noktası; ancak ilk İngilizce çeviriler de her yeni çevirmenin olanaklarının önemli kısmını oluşturuyor. Smith ve Heidel'i de bu açıklamanın dışında bırakmıyorum; çünkü onların yaratmak için uğraştığı, örnek oluşturacak ve yayıncımın benden beklediği gibi popülist olmalarını gerektirmeyen çalışma beni çok etkiledi. Ama, çalışmalarını yavan, şiirsellik dışı ve kuru bulduğum diğerlerindense çevirimi tamamladıktan sonra, üzerine birlikte kafa yorduğumuz John Maier'e çok daha fazla şey borçluyum.

Son tahlilde, hepimiz kendi hatalarımızdan sorumluyuz. Kendi çalışmamdaki bölümleri elden geçirdim ve oldukça geliştirdim. Şimdi, sanıyorum ki, beş sene önceki ilk basımdan daha büyük bir takdiri hak ediyor. Bazı satırlarda daha az rahatsız edici bir dil kullandım. Diğer bölümler, ilk çalışmamızın müsaade etmeyeceği bir ezgiselliğe büründü. Sonuçta bir ilerleme kaydettik. Ve şunu garanti ederim ki, Bolchazy-Carducci baskısı öğretmenler için hâlâ en iyi *Gılgamış* baskısı.

Geçmişteki Çeviriler

Uygulamaları karşılaştırırsak, benim Babil edebiyatına yaklaşımım diğer antik eserlere ve onların çevirilerine olan ilgimle perçinlendi. Amerika'daki öğrencilere *Gılgamış*'ı ulaştırmak için, yirminci yüzyıldaki çalışmaların üzerinde nasıl büyük bir ciddiyetle durduğumu göstermek için, ilgili alanlardaki, belgelere dayalı çalışmalarıma değinmeliyim. Bunu yapmalıyım çünkü Maier, Kovacs ve Ferry'le aynı çizginin temsilcileri olduğumuza ikna oldum. Başkalarına da açık ve biz çekip gitsek bile silinmeyecek bir çizgi bu.

Bu kesinlikle, sonraki destan çevirilerinin daha önceki çevirmenlerin doğruluklarını sorgulamalarıyla ilgili. Gavin Douglass'ın, John Dryden'in, Joseph Addison'un ve William Wordsworth'un Virgil üzerine çalışmaları C. Day Lewis'i, Robert Fitzgerald'ı ve Seamus Heaney'i etkiledi. Hepsi de, *Aeneid*'in bölümleri üzerine farklı şekilde çalıştılar. İçinde bulundukları dönem, ses renkleri, siyaset, uyak tercihleri ve çağlarının kısıtları bu farklılıklarda belirleyici oldu. Hepsi de bir müzik seçti; öne çıkartmak ya da önemsizleştirmek için. Her biri, ne vakit orijinalini ne vakit önceki çevirileri dikkate alacağını biliyordu.

Geceleri belli bir düzen dahilinde olmayan ilahiler dolduruyordu kulaklarını ve antik geleneklerin yankılarını en açık, en sesli ve en güzel şekilde duyumsuyorlardı. Dilin yeniliğe susamışlığına duyarlı olan bu şairler Virgil'i çevirirken kendi yeteneklerini de sınadılar. Yeteneklerini, bir öykünün heyecanlı, üzücü, geliştirici yönlerini sunmak ve onlar olmasa *Aeneid*'i asla bilmeyecek okurların hoşlanacakları bir ürün yaratmak için açığa çıkarttılar. *Gılgamış* için de aynı şey geçerli. Asrımızdaki on kadar İngilizce çeviri uzmanların, okulların, yayıncıların artan ilgi ve beğenisini ispatlıyor. Geleceği güçlü bir tarih bilinciyle bezemek için. Ve antikçağın çok uzun zamanlar boyunca göz ardı edilmiş bu mirasını gün ışığına çıkarma çabasına katkı yapmak bana kıvanç veriyor.

Gılgamış'ın Geleceği

İyi şiirin bile raf ömrünün on yılı aşmadığı göz önüne alınırsa, başkalarının bu destanın çevirmenler listesine yeni katkılar sunmak için çok fazla sabretmeleri olası değil. Herhangi birileri, Gardner/ Maier'in derinliğini, Sandar'ın akıcılığını ya da Kovacs'ın kesinliğini ödünç alacak. Başka birileriyse benim şiirsel özgürlüğümün ya da destanda olmamasına rağmen çevirisini beyitler şeklinde yapan Ferry'nin kullandığı özgürlüğün tuzağına düşecek. Çok daha az sayıda kişiyse, *Gılgamış*'ı bugün hayal edilmesi güç bir şiirselliğe büründürebilir. Bir kişinin bu işi tırnaklarıyla kazıyarak yapması artık güçleşiyor; çünkü çok sayıda çeviri yapıldı ve artan sayıdaki İngilizce çeviriler gelecekteki çevirileri muhtemelen yönlendirecek.

Amerikan sınıflarındaki çocuklar birbirlerinden hiç olmadığı kadar farklılaşmış durumda. Çokkültürlülükleri belirleyici olduğundan ve klasik çalışmalara yönlendiklerinden *Gılgamış* tarihinde gelecekte edinecekleri konumlar için umut var. Akhilleus ve Aeneas, Batı düşüncesindeki merkezi konumlarını sürdürecek gibiler. Ancak, öğrencilerin düşüncelerini biçimlendirecek olan Enkidu ve olağanüstü arkadaşının karakterler çizelgesinde diğerlerinin üzerlerine geçmeleri güçlü bir olasılık. Şu andan elli yıl sonra, benim şiirimin bazı gençlerde antikçağlara ilgi doğurma ya da bazı okuyucuları kendilerinden bu kadar uzak ve kendilerine bu kadar yakın bir dünyaya taşıma olasılığından gayet hoşnutum.

Danny P. Jackson

TEŞEKKÜR

Manhattan Katedral Okulu'nda, Iona'da, Forham'da, Kolombiya'da ve New York Kent Üniversitesi'nde çok sayıda dili tanıtarak, bana düşünceleri ve sözcükleri çevirme yetisi kazandıran herkese şükranlarımı sunarım. Öğrencilerim, özellikle Dennis Gonya, Andrea Santo, Jacquie Battle, Carl Hoffman ve Susan Fries ve aynı zamanda çocuklarım Dan ve Cara ile karım Lorraine bana çok büyük destek verdiler. Özel teşekkürümse, annem, babam ve kardeşlerime; sadece bana okumayı öğrettikleri için değil, İrlandalı masalcıların en nazikleri oldukları için.

Burada, pek alışılmadık teşekkür borçlarımı da ödemek istiyorum:

- antikçağda yaşamış Keltler'e, özellikle de Boudicca'ya,
- beni gerçekten sevenlere,
- İrlanda'daki Slieve Gullion Dağı'nın tepesinden bakarak hayal kurduğum aylara ve yıldızlara,
- New York'un çocuklarına,
- bana yol açanlara, özellikle de Lou Bolchazy ve Marie Carducci'ye,
- New Jersey'deki Georgian Kraliyet Okulu'ndaki kız kardeşlere,
- Dorothy Day'in ve Bobby Sands'in anılarına,
- *amatis morte in adolescentia afflictis animaque femineae semper amandae*
- ve huzur içinde geçen gençlik günlerime,

Danny P. Jackson
Point Pleasant Beach, New Jersey
Aralık 1996

Destanın Ana Karakterleri

Gılgamış, kahraman ve Uruk kralı

Enkidu, onun yeni arkadaşı

Ninsun, mantıklı tanrıça ve Gılgamış'ın annesi

Shamhat, iki arkadaşı kavuşturan kutsal rahibe

Anu, tanrıların babası ve Uruk'un koruyucusu

Humbaba, öldürülmek zorunda olan canavar tanrı

İştar, kral tarafından reddedildiği için intikam ateşiyle yanan tanrıça

Enlil, büyük tufanı yaratan tanrı

Siduri, dünyevi öğütte bulunan saki

Urshanabi, cennetin yolunu gösteren kayıkçı

Utnapishtim, sonsuz yaşamın sırrını taşıyan kişi

başkalarının karılarını kendi emellerine alet eden.
(19. Şekil)

Gılgamış Destanı

1. Tablet
1.-6. Sütunlar

Kral Gılgamış
Enkidu'nun Yaratılışı
Enkidu'nun Uygarlaşması
Enkidu'nun Gılgamış Düşleri

1. Sütun

Cehennemi ziyaret edenin aklına musallat olur şan şöhret
benimkine benzer bir öyküsü olur onun da.
Ya bir bilge ya düzenbaz ya da aziz
Bir kahramandır
GILGAMIŞ
sırları bilen, gizli yerleri gören
Tufan'dan önceki zamanı anlatabilir, öylesine bilgili ve yaşlı
kuşdilindeki kelimeleriyle dünyaya düşenlere
anlattı öyküsünü.
10 Duvarlar buyurdu Uruk ve Eanna için
kutsal toprağımız için
duvarlar ki hâlâ görülebilir; duvarlar ki üzerlerine gözyaşları dökülür
ölen askerlerin bitkin karılarının.
Gidin ve yerine çivilenmiş bedenlerine dokunun
Parmak uçlarınızla ki kendinizi bulasınız.
Hiç kimse böylesi duvarlar kuramadı daha önce.
Uruk Kulesi'ne tırmanıp bir kış akşamı dolaştırın ruhunuzu.
Görün. Dokunun. Tadın. Hissedin.
Hangi güç yaratmış olabilir bu yapıyı?
20 Duvarda gizli kutuyu açın
ve yüksek sesle okuyun Gılgamış'ın yaşamını.
Hangi keder yol gösterdi ona, bilin
aklıyla, gücüyle ve korkusuyla neleri alt ettiğini bilin,
bir kasabanın en iyi çocuğu aklıyla
gösterdi soyluluğun anlamını
şan şöhret peşinde koşmayanlara.
Lugalbanda'nın karısının oğlu ve gizli güçlerin
Gılgamış kaderin ete kemiğe bürünmüş hali,
30 en harika çocuğu Ninsun'un...
O ki eli
değmedi erkek eline,
cennet gibi saf ve kusursuz.

Gılgamış biliyordu dağın tepesindeki
kartal yuvasının gizli yollarını
ve biliyordu üşüyen dünyaya iyilik getirmenin yolunu.
Su üstünden gitti Shamash'ın geleceği yere,
dünyayı arşınladı, yaşamı aradı ve sonunda
çok uzaklarda Utnapishtim'i buldu,
tufandan sonraki dünyada yaşama dönen kişiyi.
Herhangi bir yerde daha büyük bir kral var mı
40   Gılgamış gibi söyleyebilsin şu sözleri:
"Ben uluyum"?

2. Sütun

Büyük kısmı cennette yaratılmıştı
bu dünyanın herhangi bir yerinde kalanı.
Bizzat Ninsun büyülendi güzelliğinden.
Bağışta bulundu ona.
Uruk halkını seyretti kendi başına
açık alanda zincirlerinden boşanmış bir boğaymış gibi.
Yenilgi bilmezdi kabilesi
ve harekete geçmişti küçük hakaretlerden.
50   Kutsal mekanlara
esip gürlüyordu.
Saygısızlığı buradan kaynaklıydı,
gençliğinden, delikanlılığından.
"Bu mu Uruk sürüsünün çobanı;
başkalarının karılarını kendi
emellerine alet eden bu mu;
gücümüz, ışığımız, aklımız?"
Uruk'un diğer adamlarının isyanlarını duyurdular cennete;
ve incelikli tanrılar sordu:
"Bu korkunç, kaba yaratığı kim yarattı
60   eşsiz bir kuvvet ve ordulara özgü ilahilerle?
Bu savaşçı oğulları koparıyor babalarından gece gündüz.
Bu mu Gılgamış,

Uruk sürüsünün çobanı
başkalarının karılarını kendi
emellerine alet eden bu mu;
gücümüz, ışığımız, aklımız?"
Gökteki yerinden işitince bunları Anu,
70 Yaratışın büyük tanrıçası Aruru'ya dedi ki:
"İnsanları yaratan sensin; Gılgamış siluetinde birini
daha yarat; kalbi hızlı atsın onun gibi,
güçlü olsun darbeleri onun kadar;
böylece saldırırlar birbirlerine önce
bırakırlar sonunda savaşmayı
ve barış içinde yaşar Uruk'un çocukları. "
Bunları duyan Aruru düşündü. Sonra
ıslatıp yaratıcı parmaklarını, biçim verdi bir kayaya
fırlattı olabildiğince uzaktaki ormana.
80 Böylece babası oldu ormancı Enkidu'nun
dehşet ve korku içinde can verdi ona, hiç acı çekmeden
bir benzerini sürdü meydana savaş tanrısı Ninurta'nın.
Saçlarla kaplıydı bedeni ve kıvrımları
tahılları bahşeden Nisaba'nın hızla uzayan kumral saçları gibi
andırıyordu bir kız çocuğununkileri.
Ne bir klanı vardı Enkidu'nun ne de ırkı.
İyi bir çoban gibi giyinmişti, ot yiyordu
suyundan içiyordu sürülerin
bir rüzgar gibi hızlıydı ya da durgun su gibi.
Su içtiği kovukta bir avcıyla karşılaştı
art arda üç gün.
Her defasında şaşkınlığa büründü
90 Enkidu'yu gören avcının yüzü.
Avcının bölgesinde sürüler davetsiz misafirdi çünkü
ve kaygılanmıştı bu haneye tecavüzden.
Sakin kalbi hızla attı. Karardı gözleri.
Korku sardı,
uzun zaman kuşkulu kalacak yüzünü.

Öyle bir güç ki Anu'nun keskin yıldızı gibi ve
yorulmaksızın dolanıyor toprakta...
tıpkı hayvanlar gibi
(20. Şekil)

3. Sütun

100   Sonra, avcının titreyen dudaklarından döküldü babasına
şu şikayet:
"Efendim, biri dadandı su kuyuma, uzaklardan gelen biri
tüm dünyanın en büyüğü ve en iyisi. Gücü hissediyor.
Öyle bir güç ki Anu'nun keskin yıldızı gibi ve
yorulmaksızın dolanıyor toprakta.
Hayvanların yemeklerini yiyor tıpkı onlar gibi
canı isteyince gelip içiyor kuyumdaki suyu.
Onun korkusundan
tuzaklarla, tümseklerle yapabildiğim hiçbir şeyi yapamıyorum.
110   yakaladığım, bağlayacağım hayvanların hepsi sıvışıyor. "
Babası şöyle yanıtladı onu nefret dolu dudaklarla:
"Oğul, senin çaren Uruk'ta; orada
adına Gılgamış denilen bir adam var; sonsuz güçlerle donatılmış.
Dünyanın en büyüğü ve en güçlüsü odur. Gücü hisseder.
Anu'nun keskin yıldızı gibi güçlüdür.
Uruk'un tarihi sarayına doğru koyul yola
ve Gılgamış'a anlat öykünü.
Karşılığında bir tuzak kurmanı söyler
. yanına bir de güzel bir rahibe verir tapınaktan
120   görsün bakalım neymiş bir kadının gücü ve cazibesi.
Sonra Enkidu su kuyusuna yine gelince
izin ver soyunsun, yalnız bırak ki göstersin tüm güzelliklerini.
Eğer kadına kapılır ve sürüyle dostluğu bırakırsa,
hayvanları da onun peşini bırakır. "
Avcı, babasının sözlerini çok iyi anladı
Ve o gece geç saatlerde Uruk'a varıp, şöyle dedi Gılgamış'a:
"Uzaktan gelen biri var,
gücü tüm dünyaya yayıldı.
130   O, topraklarımızda bir güç timsali. Gücü hissediyor.
Anu'nun keskin yıldızı gibi güçlü
ve yorulmaksızın dolanıyor topraklarımızda.
Hayvanların yemeklerini yiyor tıpkı onlar gibi,

Canı isteyince kuyumdan su içmeye geliyor.
Onun korkusundan
tuzaklarla, tümseklerle yapabildiğim hiçbir şeyi yapamıyorum.
yakaladığım, bağlayacağım hayvanların hepsi sıvışıyor. "
Gılgamış, şöyle yanıtladı:
"Bir tuzak kur; giderken yanına
140 güzel bir rahibe al tapınaktan, Shamhat'ı,
göstersin ona bir kadının cazibesini ve gücünü.
Sonra Enkidu su kuyusuna yine gelince
izin ver soyunsun, yalnız bırak ki göstersin tüm güzelliklerini.
Eğer kadına kapılır ve sürüyle dostluğu bırakırsa,
hayvanları da onun peşini bırakır. "
Avcı geri döndü, yanına alarak
İştar'ın kutsadığı çareyi,
yolculukları hızlıydı.
Üç gün sonra, su kuyusuna
tuzak kurdular Enkidu için
150 tek kelime etmeden beklediler iki koca gün.
Sonra çoban yavaşça geldi su içmeye.

4. Sütun

Hayvanlar uyandı ve çırpılmaya başlandı uyuşuk kanatlar.
Enkidu, dağlarda dolanıp,
hayvanların yemeklerini tıpkı onlar gibi yiyen oğlan
canı isteyince su içmeye geldi kuyudan,
uyanan ve gerinen hayvanlarla
yorgun kolları karşılasın diye yeni gelen günü.
Kadın anladı ki yolun başındaydı,
uzak ormanlardan gelip, can alıp veren.
160 "İşte orada, güzel aşık; onu sırılsıklam et
dilinle, göğsünle, belinle.
Mutluluğunu dışa taşır. Saklı cazibeni açığa çıkar.
Üzerine atla ve omuzlarına otur.
Soluğu kesilecek ve içine girmek için yanaşacak,

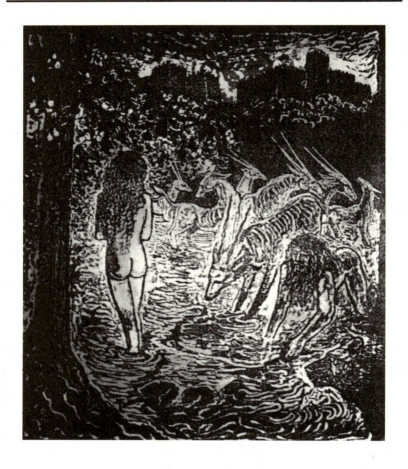

izin ver soyunsun, yalnız bırak ki göstersin tüm güzelliklerini.
Eğer kadına kapılır ve sürüyle dostluğu bırakırsa,
hayvanları da onun peşini bırakır.
(21. Şekil)

üzerindekileri çıkar ve ona izin ver.
Bırak görsün bir kadının gücünü.
Vahşi dostları onu terk eder,
eğer içindeki insan girerse senin kokulu çalılığına."
170 Shamhat giysilerini çıkarıp açığa çıkardı mutluluk kaynağını
Enkidu, ağzı açık bir mağaraya dalan
bir rüzgar tanrısı gibi daldı mutluluğuna.
Ateş bastı ve kabardı önce, kadın hızla atıldı üzerine
kesti keskin nefesini, kendine çekerek önce
sonra aşka.
İzin verdi bir kadının gücünü görmesine,
ve konakladı Enkidu onun kokulu çalılığında
yedi gece; zıplayarak, ıslanarak, ağlayarak ve uyuyarak.
180 Bu zevku sefa haftasından sonra
hayvanlarının yanında aldı soluğunu
fakat aceleyle kaçıştı dostları.
Dört bir yana kaçtılar onun yeni halinden.
Eskisi gibi süratli değildi artık,
bacakları hamlamış, sertleşmişti ayak bilekleri. Hayvanlar
ardlarında bıraktılar onu ve çoğaldı hüznü
onlarla aşık atamayacak diye bir daha.
Ama hiçbir bakirin sahip olmadığı bir anıyla sarhoştu
ve yanına döndü güzel aşığının, bir kez daha
süzüldü bacaklarının arasına
kadın şunları söylerken:
190 "Şimdi bir tanrı gibisin
ihtiyacın yok artık o aptal hayvanlara, adil olmasa da.
Şimdi yoluna düşebiliriz Uruk Sarayı'nın,
o kusursuz konağın; orada yaşar Anu'yla İştar
ve orada göreceğiz güçlü Gılgamış'ı,
her büyük kral gibi hükmeder sürüsüne. "
İşitince bu sözleri dikkat kesildi kadına.
İlk kez yalnızca bir dostu arzuladı.
O güzel aşkından şuydu tek ricası:

"Lütfen benimle gel ve aşkım ol
200 Anu'yla İştar'ın yaşadığı,
her büyük kral gibi sürüsüne hükmeden
Gılgamış'ı göreceğimiz o kusursuz konakta.
Bir dilekte bulunacağım ondan; her şeyi duyursun
yüksek sesle ve yer açsın dostluğuma içinde. "

5. Sütun

Şöyle devam etti Enkidu:
"Şu sözlerimle inleyecek Uruk, 'En güçlü benim.
Yapabilirim her istediğimi bir başıma. '
Hakimi benim ormanların ve dağlar gibidir gücüm.
Birlikte yürümeliyiz, göz göze,
210 ki çığırabileyim namını. "
Bu teklifi şöyle yanıtladı güzel aşık:
"Sürülerin Uruk'una katıl, Enkidu
parlak kostümlerin giyildiği,
şenliklerin hiç dinmediği,
ilahi müziğin solmadığı,
çekici kızların
oyuncaklar, oğlanlar ve adamlarla her daim oynaştığı
sürülere katıl;
kasabayı yönetmek için her şeyi yapıyor çünkü onlar.
220 Yüzünde bir gülücükle, Enkidu
diğer kişiliğini göreceksin, yüce Gılgamış'ı.
Tepeden tırnağa seyret lütfen onu. Yüzünü,
yumruklarını, adil kılıcını ve
içinde dolaşan kuvveti aklına kazı.
Gece gündüz her yerde olan biri,
güçlü olabilir mi dersin senden?
Kendi öfkenden ürk; adil Shamhat'a
tapmaktadır o ve karşılığında tapılır ona.
Mavi göklerin Anu'su, Enlil'i bulutların

230 ve zeki Ea güç aşıladılar ona.
Seni tanımasa da daha, yüce Gılgamış
rüyasında görüp,
rakip saydı Uruk için."
Gılgamış uyanınca, gidip danıştı annesi Ninsun'a
bu rüya sonlansın diye.
"Anne" dedi, "bir yıldız gördüm
içinde kafamın, biraz önce uykudayken
Anu'nun okları gibi saplandı içime,
ne yapsam kaçamadım.
240 Onu destekliyordu Uruk,
halkımız alkışlayıp,
tapınıyordu gücüne.
Erkekler yumruklarını sıkıyor, dans ediyordu kadınlar.
Ben de kucaklıyordum bu doğan yıldızı,
en sevdiği kadını kucaklayan bir adam gibi,
ve işte bu yeni kişiyi sana getirdim
böylece bir arada görebilirsin ikimizi."
Gılgamış'ın sonsuz akıllı annesi, hiç endişelenmeden yanıtladı
onu:
"Bu parlak, yeni yıldız gerçek dostundur
250 Anu'nun okları gibi içine saplanan
ne yapsan kaçamadığın."

6. Sütun

O, hiç endişelenmeyen ve sonsuz akıllı, sürdürdü sözlerini:
"Bu dost her şeye kadirdir,
gücünün namı yayılmıştır dünyaya,
kuvveti gerçek Anu'nun okları gibi
böylece bir yer edindi içinde, bir eş misali
bundan dolayı emin hızından, en uzak yıldız gibi
özünün gizlerini saklayan."
260 Gılgamış yanıtladı onu:

İzin verdi bir kadının gücünü görmesine.
(22. Şekil)

"Anne, uyuduğumda Uruk'taki tebaaya saldırıyordu
baltalı adamlar. "
Ninsun rahatlattı korkuya kapılmış kralı:
"Enkidu yardım edecektir.
. Sevdiklerini koruyacak veya
kurtaracaktır tehlikeden;
o, senin en sadık dostun.
Sana yol göstermesine izin ver
ve her şeyin yolunda gideceğine inan. "
270 Gılgamış, şöyle dedi kendisini çok seven doğurucusuna:
"Kadere ve talihe müteşekkirim
bana böylesi bir arkadaş gönderdiği için
bir kardeş kadar nazik
sabırlı, bir kardeş gibi. "
Sonra dinginlik içinde uyurken
tapınak rahibesi zevklendirdi Enkidu'yu
mutlu mesut yattıkları yerde.

2. Tablet
1.-6. Sütunlar

Gılgamış'la Enkidu'nun Buluşması

1. Sütun

Sonra, Ninsun'a rüyasını açıkladı Gılgamış:
"Geçen gece bir görüntü kapladı başımı
yıldızlar kadar berrak ve cennetten gönderilmiş.
Bu işaretleri ileri taşıyamadım önce. Sonra,
yardım etti bana tüm Uruklular.
İşte böylece getirdim bu alametleri sana."
Şöyle yanıtladı Ninsun:
"Akıllı oğlum, dürüst oğlum
10   iyi ki büyütmüşüm senin gibi evladı.
Herkes yürekten alkışlayacak pek yakında
tanrının sana bu armağanını."
Gılgamış noktaladı şöylece sözlerini:
"Bir başka rüyada, bir balta gördüm
eğildim üzerine cesurca bir ilgiyle;
öylesine güzeldi ki
sağlıklı, genç ve
bir kadın gibi hazır."

2. Sütun

Enkidu'nun güzel aşığının şunları söylediği gün de geldi:
20   "Şimdi benimle Uruk'a gireceksin,
orada tanışmalıyız
güçlü kral Gılgamış'la.
Bir tanrı gibisin şimdi,
o aptal hayvanlara ihtiyacın yok, adil olmasa da.
Şimdi yoluna düşebiliriz Uruk Sarayı'nın,
o kusursuz konağın; Anu'yla İştar'ın yaşadığı,
her büyük kral gibi sürüsüne hükmeden
güçlü Gılgamış'ı göreceğimiz.
-Onda göreceğin güç nadir ve adildir;
30   böylece öğreneceksin onu kendin gibi sevmeyi."

Güç timsali dostlar dövüştüler evvel
birbirlerini ite kaka
saatlerce sürdü hınçları.
(23. Şekil)

Ormanın derinliklerinden gittiler
Uruk'a doğru tehlikeli yollardan.
İştar'ın kutsadığı o kadın yol gösterdi Enkidu'ya
bir anne nezaketiyle,
ortadan ikiye ayırdı giysilerini
saklamak için sahip oldukları güzellikleri,
kendi peleriniyle örttü Enkidu'nun muhteşem vücudunu
Uruk'a yakınlaşınca.

3. Sütun

Yol boyunca yeni yöntemler öğrendi insana dair
40 ehil koyunları gütmeyi
ve silah kullanmayı ilk kez
sürülere ve çiftliklere saldıran
yabani hayvanlarla
dövüşürken.

4. Sütun

Yolda yemeyi ve içmeyi de öğrendi
adamlar ve kadınlar gibi. Shamhat
öğretti bunların hepsini ona ilk dersler olarak.
Ve yol üstünde bir adamla konuştular
ormandan yeni kopan biri
50 öğrensin diye adetleri. Böylece öğrendi Enkidu
zalim bir yönetim süren
ve her gece karılarıyla oynaş tutan Gılgamış'ı
sevmediğini bu adamların.

Ve Uruk'un sağlam duvarlarının
kapılarından girmeden önce Enkidu'ya
iyi yürekli bir halk, zalim kralının
karşısına çıkan bir rakibe nasıl davranırsa
öyle davrandılar.

5. Sütun

Uruk'un dar sokaklarında
60 tam güç sergileyecekken birileri
kesiliverdi her şey, Enkidu'nun yaklaşmasıyla.
Uruk yükseliyordu önünde.
Az ötesindeki dağ göğe yükseliyordu.
Bütün yaratıklar diz çöktüler karşısında.
Gençler etrafında pervane oldular.
Yeni doğan bir bebekmiş gibi hayran oldu halk ona.
Geldiği yer belli değildi çünkü
akla hayale sığmazdı yapabilecekleri.
Ishara'nın düğün yatağı hazırlanıverdi hemen
70 çünkü krallar kadar güçlüydü misafirleri.
Ve kapının önünde durdu Enkidu; yeni aşıkların geçeceği
ve izin vermedi Gılgamış'ın gece onlarla gitmesine.
İlk kavgaları orada oldu
gece boyunca, etrafında Uruk'un duvarlarının
Her yanları çizildi, acı içinde kaldılar.

6. Sütun

Güç timsali dostlar dövüştüler evvel
birbirlerini ite kaka
saatlerce sürdü hınçları.
Sonra soğukkanlı bir güç
80 yatıştırdı birbirine denk ruhlarını
barış gelsin, dinsin diye kavgaları.
Kavgayı bitirmeyi isteyen Enkidu oldu:
"Gılgamış, yeter! Buraya herhangi bir
kralla kapışmaya, onu yok etmeye değil
senle kaderimizi birleştirmeye geldim."

3. Tablet
1.-6. Sütunlar

Kutsal Dostluk Katmerlendi
Humbaba'yı Alt Etme Planı

1. Sütun

Gılgamış ve Enkidu kutsal bir dostlukla
bağlandılar sonra ve ilahi bağlarını
güçlendirdiler soylu bir öpücükle.

2. Sütun

Enkidu ve Gılgamış sık sık birlikte oturdular,
ziyaret ettiler Ninsun'un türbesini, pek çok
plan yaptılar ve ortak bir gelecek tasarladılar.
Gelecekteki bir tehdidin korkusuyla Enkidu
gözyaşı döktü ve uyardı arkadaşını.
10   Şunları söyledi:
"Eğer buranın ötesinde,
korkunç Humbaba'nın yaşadığı yerlere gidersek
hiç kimsenin kendi evi saymayacağı,
uzun süre kalamayacağı mekanlarda
dehşetli bir savaş kopacak
ya da her şeyi alıp göze gideceğiz üzerine
kazanmak için ormanlara erişme gücünü. "
Ninsun'un içine doğdu,
20   bir giysi giydi kendine uygun
mücevher taktı boynuna,
saç kıvrımlarını sıkıştırıp altına tacının
yükseltmek için üstüne oturduğu minberi
kömürün ilk işaretlerini saçtı ışıktan, tütsüden
ve kutsal kaplar hazırladı
boşaltacağı kıymetli iksirlere.
Sonra Shamash'a sordu Ninsun:
"Neden?
Neden uzaklara çağırıyorsun biricik oğlumu
ve böylesine karıştırıyorsun kafasını?
30   Bana dedi ki, kutlu bir yolculuğa çağırmışsın onu;
Humbaba'nın yönlendireceği

asla dinmeyecek bir savaşa,
yabancı ve tenha bir yolun ötesine
karanlık, ıssız yerlerine ormanın
orada ona benzer bir adam,
ya öldürür Humbaba gibi kralı
ya da Humbaba öldürür onu
senden gelen acıyı dindirmek için Shamash, karşı çık! "

3. Sütun

Karanlık ormanda harekete geçip Humbaba
korku salardı oradaki adamların yüreğine.
40   Enkidu son bir kez açtı ağzını
ve uyardı Gılgamış'ı:
"Çok önceleri duymuştum namını bu canavarın.
Ateş ve ölüm bulamacıdır nefesi,
ve böyle bir şeytanla karşılaşmanın
zamanı değil şimdi. "
Ama çok sertti Gılgamış'ın yanıtı:
"Şanımız arşa çıkacak, eğer şimdi
alt edersek bu emsalsiz düşmanı
ve göze alırsak başkalarının alamadığını. "
50   Ve çabucak yanıtladı Enkidu:
"Nasıl dalacağız içine
böyle acımasızca korunan ormanın?"

4. Sütun

Enlil'di Humbaba'yı oraya koyan
korkutup kaçırsın diye gelenleri acımadan
ve korkunç iniltilerle. Yüce Gılgamış
Enkidu'ya söylediği şu sözleri hatırladı:
"Yalnızca tanrılar yaşar sonsuza dek Shamash'la;
ne kadar uzun olsa da sayılı günlerimiz. Ne diye
60   ürkelim rüzgara karışan toz zerrecikleri olmaktan?

Üzerine atlamalı bu büyük tehdidin. Korkusuzca.
Başaramasam ve düşsem de savaşta
geleceğin tüm klanları yaptığımı söyleyecek üzerime düşeni."
Humbaba'ya saldırmaları için
özel silahlar ısmarlandı.
Hazırlandı baltalar, kılıçlar, savaş eyerleri
ve tüm Uruk halkı toplandı etraflarına
büyük yolculuktan önce.

5. Sütun

Korkunç canavarın namı
kralları için endişe etmelerine neden oldu
70 Uruk'un nazik insanlarının.
ve Humbaba'yla karşılaşmak için
yapılınca tüm planlar
bir grup ziyaretine gitti Kral'ın.
Yaşlılar konuştu Gılgamış'la:
"Sahip olduğun güce güvenme, o aceleci gücüne;
Hakim ol bu savaşta atacağın her güçlü adıma.
Bir yol gösterici korusun seni tehlikelerden.
80 İyi dost korur dostunu.
Bırak, önden gitsin Enkidu
avcunun içi gibi bildiği
ormanların yoluna.
Ormanlık arazide dövüşmeyi bilir o,
bilir nerede dövüşüleceğini.
Enkidu siper olur hem kendi
canına hem de yoldaşının
korur böylece her ikinizi.
Ne kadar derin olsa da atlayabilir üstünden her hendeğin.
Enkidu koruyacaktır kralımızı.
90 Kazasız belasız getirecektir geri. "
Gılgamış Enkidu'ya döndü:
"Benim diğer kişiliğim doğrul ve düş yoluna Egalmah'ın;

nazik annem, Ninsun, orada oturur.
Bilmem gereken her şeyi anlar o.
Söyler bize, ne yapmalıyız; gitmeliyiz nereye. "
Bir kez daha kucaklaştılar yoldaşça.
Düştüler Egalmah yollarına.

6. Sütun

Yakındaki savaşların düşüncesiyle endişeli;
kaygılı, tanrılarla yaptığı görüşmelerden,
100 bürünüp üzüntüye yerleştirdi Gılgamış sarayının odalarını.
Silahları hazırlandı, parlatıldı miğferi
ve özenle temizlendi giysileri.
Vedalaşmaya geldi Uruk'un insanları,
iyi dileklerde bulunmaya krallarına.
"Dikkatli olun bu tehlikeli ve cesur yolculuğunuzda,
güçlü efendimiz. Kendinize dikkat edin her şeyden önce. "
Bunları söyledi kasabasının yaşlıları ve devam ettiler:
"Bırakın Enkidu göğüslesin tehlikeleri,
ve önünüzden gitsin çok iyi bildiği ormanların yoluna.
110 Şükredin ki Shamash onu gösterdi kılavuzunuz olarak
en kestirme yollar, en iyi yön için
gitmeye ürkeceğiniz.
Yanınızda olsun yüce Lugalbanda, Humbaba'yla savaşınızda. "
Son olarak Enkidu aldı sözü:
"Şimdi zamanıdır yola çıkmanın.
Beni izleyin, efendim, yabani yollarda
kayda değer bir düşman,
korkunç hayvan Humbaba,
sizle karşılaşmayı bekliyor
120 koruduğu karanlık ormanda.
Bu ürkütmesin sizi. Her konuda
güvenin bana ve izin verin
dikkatlice yol göstereyim en korkunç maceranızda. "

Karanlık ormanda harekete geçip Humbaba
korku salardı oradaki adamların yüreğine.
...Ateş ve ölüm bulamacıdır nefesi.
(24. Şekil)

4. Tablet
1.-6. Sütunlar

Bir Annenin Yakarışı
Sedir Ormanı'na Yolculuk
Uğursuz Bir Yara

1. ve 2. Sütun

Yolculuklarına yemek, için ara verdiler evvel.
Dinlendiler sonra,
ve noktaladılar bir başka gergin günü.
Üç günde geçtiler
başkalarının bir buçuk ayda geçtiği yolu.
Kurak bir çölmüş gibi
susuzdu ortalık,
toprağı kazdılar, yolu üstünde
Humbaba'yla savaşın.

3. ve 4. Sütun

10 Yollarına devam etti Gılgamış ve Enkidu
ve biliyorlardı tehlikenin gizlendiği yeri
ilk hedeflerinde.
Son tepeye de tırmanınca
Humbaba'nın yolladığı bir korumayı gördüler
azılıydı her bekçi köpeği gibi.
Gılgamış oldu ilk atılan.

5. Sütun

Enkidu'nun bağırışını duydu Gılgamış
ona şunları söylerken:
20 "Geldiğimiz şehirde verdiğimiz
sözleri hatırla. Anımsa bu görev için
taşıdığımız cesareti ve gücü. "
Bu sözler süpürdü korkuyu yüreğinden
Ve karşılık verdi Gılgamış
ardına dönüp, bu sözlere:
"Acele et. Bekçiyi yakala
ve izin verme kaçmasına.
Koş korkusuzca, izin verme kaçmasına.

Yedi biçimi varsa da düşmanımız Humbaba'nın
30 yalnızca birini büründü şimdiye dek.
Demektir ki, el sürülmemiş duruyor
diğer altısı. "
Çılgın bir hayvan gibi öfkelendi,
yüksek sesle böğürdü, ormancılar anlatırken birbirlerine
onun ne menem bir şey olduğunu.

6. Sütun

Bekçiyi öldürdüler; ama yaralandı Enkidu
ve şunları söyledi:
"Kapının arasında kalıp ezilen elimde
derman yok.
Ne yapmalıyım?"
40 Gılgamış aldı sözü: "Gözyaşları içindeki
bir adam gibi, kardeşim
üstesinden gelebilirsin bir araya gelse de tüm güçlükler,
ağlamak bir şey eksiltmez senin
öldürme kuvvetinden.
Elimi ellerinin arasına al, al ki
ürkmeyelim başka ellerin yapacaklarından.
Ahenkli çığlıklar atalım, ölüm ya da aşk için
bir şarkıyla söyleyelim yapmamız gerekeni.
50 Haykırışlarımız yayıldıkça uzaklara
kopup gidecek,
sendeki bu dermansızlık, bu korkunç kuşku.
Kal kardeşim, izin ver yekvücut olmamıza.

5. Tablet
1., 3., 4. ve 6. Sütunlar

Bir Savaş Rüyası
Humbaba'nın Katli

1. Sütun

Soğuktan dondu Gılgamış'la Enkidu; diktiler gözlerini
ormanın inanılmaz derinliğiyle yüksekliğine. Fark edince
Humbaba'ya giden yolu, bir giriş buldular
düz geçide. Tanrıların evini bulabilirlerdi artık,
görebilirlerdi cennetini İştar'ın ikinci kişiliği,
güzeller güzeli Irnini'nin.
Oradaydı tüm gerçek güzellikler;
orada yaşıyordu tanrılar,
serin gölgelikler ve yüce uyum
10 lezzetli yemekler oradaydı.

3. Sütun

Gılgamış, sonra, yeni bir rüya
canlandırdı usunda
üstünde tepelerin,
kayaların çatırdadığı yerlerde.
Kralı için çözümlerken bu kasvetli öyküyü
şunları yineledi Enkidu:
"Şarkın müthiş bir kehanet.
Bu rüya iyi gelecek sana.
20 Çok işimize yarayacak bu gördüğün
Çünkü yakalayabiliriz Humbaba'yı
o dağ tepesinde
fırlatabiliriz dünyevi halini
engin uçurumlardan yere
dümdüz edebiliriz onu. "
"Göğe yükselen dağ
gururunu kırar, düşerek ölen bu tanrının. "

4. Sütun

Engin dağ bir efsane yolladı uykudaki Enkidu'ya,
yüksek esen rüzgarların soğuğunda sızmıştı,
30 açık alandaki ekin gibi savrulup durduğundan.
Bir top gibi yuvarlanmıştı vücudu
kutsal uykuya dalan Gılgamış'ın
en zor zamanların en sıkı dostlarıydı onlar.
Ay yolculuğunu yarılayınca dikeldi ve başladı konuşmaya:
"Kardeşim, eğer tek bir ses bile gelmediyse senden,
nedir beni uyandıran? Hiç dokunmadıysan bana, nedir beni
titreten?
Hiçbir tanrı yokken yanımızda yöremizde neden afalladım böyle?
Kardeşim, üçüncü bir görüntü geldi uykuma
ve öyle korktum ki anımsadıklarımdan.
40 Feryat ediyordu gök. Ve inliyordu Dünya Ana.
Işığı tükenmişti güneşin ve en karanlık gece
sarmıştı tüm cennetleri.
Şimşek ışıltıları geldi sonra; yani kaynağı ateşin.
Yıldırım bulutları koşuştu yanımızda ve sürükledi
tüm yaşamı üstümüzdeki göğün dışına.
Parıltılar çözüldü, buharlaştı ışık;
küllendi közler.
Dağdan ayrıldığımızda, budur hatırlayacağımız."
50 Bu efsaneyi duyan Enkidu,
şöyle yanıtladı Gılgamış'ı:
"Tanrın Shamash muhteşem bir güç
bahşetti ikimize. Onayladı Humbaba'ya
saldırmamızı. Bu işareti,
kutsal bir düş belle bizi destekleyen."
Shamash'ın bizzat kendisi,
bir dua gibi söyledi şunları Gılgamış'a:
"Sakın duraksama, onaylanmış kişi.
Hazırla kendini savaşa ve ardına bakma."

Göğün üstünden esti cennet rüzgarları
60 dört yanına Humbaba'nın. Doğudan ve
batıdan; kum ile, ekin ile estiler üstüne üstüne,
ardına önüne. Dermansız kaldı, bitkin düştü devasa
vücudu. Eser kalmadı muhteşem kuvvetinden.
Tek adım atamadı o kudretli sağ ayağı.
Böylece, Shamash karıştığından işe
aciz düştü korkunç Humbaba.

6. Sütun

Can çekişen hayvan af diledi
Uğuldayan rüzgarlara rağmen
duyuluyordu söylediklerinin bir bölümü:
"Lütfen Gılgamış. Bu yaralıyı affet.
70 Bütün gücüm, kudretim al senin olsun,
kölen gibi çalışayım gece gündüz. "
Bağırırken daha gürdü sesi Enkidu'nun
Ve dayattı kesin çözümü:
"Şimdi bitir işini Gılgamış. Böylesine şeytani
bir düşmana aptalca bir merhamet gösterme. "
Arkadaşının bu sert ikazıyla Gılgamış
çarçabuk sapladı kılıcını; kan deryasında
yüzdü hayvan; kana bulandı pelerini.
80 Bu amansız sorunu çözen dostlar
Uruk'un yüksek duvarlarına doğru çıktılar yola,
kahramanlar gibi karşılanacaklardı,
destansı bir savaşı kazandıklarından.

6. Tablet

İştar'ın Önerisi
Kırıcı Bir Ret
İştar'ın İntikamı: Cennet Boğası
Boğanın Katli
Enkidu'nun Uğursuz Rüyası

Gılgamış yıkandı ve temizledi
uzun, güzel saçlarını.
Fırlatıp attı kanlı kaftanını ve giyindi en güzel cüppesini
sıktığında kuşağını, öylesine soyluydu ki duruşu.
Tacını da taktı sonra.
İştar hayran oldu gururuna, yakışıklılığına.
"Bana gel," diye fısıldadı. "Bana gel ve evlen benimle.
İzin ver, tadayım her zerreciğini,
kocam bileyim seni, karın olayım.
10   Ve hediye edeyim sana
Krallara yaraşır bir fayton;
mavi, altın sarısı renkli, gıcır gıcır
tekerleri yeşil,
defetsin şeytani bakışları
benim tanrım, erkeğim benim.
Evime gel, en güzel kokanına tüm mekanların,
orada ilahi yüzler gözyaşlarıyla yıkayacak ayaklarını
Tıpkı Anu'nun rahip ve rahibeleri gibi.
Kral ve kraliçelerin kudretli elleri
20   açacak sana kapıları.
Bütün kırlar bağışta bulunacak
ve ikiye katlanacak ağalığın.
Yavaşlar hızlanacak senin için,
kafadan geçirdiğinde
altına dönüşecek dokunduğun her şey. "
Gılgamış şöyle yanıtladı güçlü İştar'ı:
"Ama borcumu nasıl ödeyeceğim karım olduğunda,
nasıl önleyeceğim acı ve sorunlarını?"
Cazip teklifi baştan çıkaramadı kralı
30   korkuyordu kral, tuzağına düşmekten şehvetinin.
Onun yerine, şu alaycı sözleri etti ona:
"Hem seni sevip istediğin gibi
hem nasıl dolaşırım gönlümce, nasıl düşebilirim yollara?
Birbirimizi gıdıklamaktan; gülmekten ve kıkırdamaktan
Vaktimiz mi kalır uzun uzun düşünmeye

sevgilisi olmayanlar gibi. Çok daha iyi geçiriyor
zamanlarını onlar yatakta oynaşanlara göre.
Hem çok az şey biliyorum hakkında, sana güvenmek için.
İşte sana düzdüğüm bir şarkı

40 (biraz kaba biraz ahlaksız):
'Bir şöminedir İştar ısınmaz
kırık bir kapıdır taşınmaz
bir kaledir yem eder askerini, koruyamaz,
bir komutandır yüzünde gülücük asla açmaz;
bir katrandır işlenemez,
bir kaptır kirli ve soluk
ve bunlardan da kötüsü
sidik dolu sandalıdır bir tanrının.
Yumuşak bir kayadır, beş para etmez

50 bir meyvedir kuru, işe yaramaz. '
Erkeklerle bir şeyler paylaştığın doğru;
fakat var mı ikinci kez geleni?
Onların hikayelerini anımsatmalıyım, tam da şimdi
Bakir bir oğlandı Tammuz, İştar'ı öptü
ve can verdi bir hafta içinde.
Cazibeni hayvanlara yönelttin sonra,
zorla sahip olmak istedin onlara,
kuşlara, kedilere, küçücük ördeklere
her biri soldu dokunuşunla kuru bir ağaç gibi

60 ya kör oldular ya topal; ya deli ya aptal.
İzin verdin arka kapında durmasına bir atın,
yerde hareketsiz uzanarak;
ama sonra ilk zincirini yapıp dünyanın
boğazladın onu ve noktaladın saltanatını.
Bitirip tüketmeden hayvani gücünü;
İzin verdin tepinip durmasına var gücüyle
bazı akşamlarda tüm aşıkların ruh haliyle;
sonrası bir gaddar ayrılık.
Çivilenmiş toynağını görünce

70 çileden çıkıp annesi, akıttı gözün yaşını.

Boğayı çöz, ezip geçsin bir defada.
Bırak, boğa akıtsın kanını.
(25. Şekil)

Diğer kurbanın oldu rastlaştığın bir yabancı
1habersizdi başına geleceklerden
ahlaksızca oynadın onunla
yeni bir isim eklemek için
cinsellik hanene.
Bir çobanı tavladın başka bir sefer de
çörekler pişirirdi ağzına layık
meleyen kuzularından keserdi sana.
Bunca hediyeye karşı sen,
hayvanca davrandın ona.
80   Ve görünce kardeşleri penisini
anladılar yaptığın hainliği.
Anımsıyorsun değil mi Ishullanu'yu,
budardı o şahane ağaçlarını babanın?
Tüm gücüyle çalışırdı gün boyu;
ama sızar kalırdı geceleri.
Gün ortasında gördün onu
dayanamayıp güzel bakışlarına şu sözleri ettin:
   "Nasılsın Ishullanu, çift sürdün
   saatlerce, nasılsın?
90   Gel, Ishullanu, yatağıma gel. "
Razı gelmedi arzuna. Surat astın.
O gece geç saat saklanacağını söyledin
kraliyet bahçesindeki karaağçların yanına.
O ise hatırlattı,
kadınca sıcaklığının ona haram olduğunu.
Ve bundan dolayı çekip gitti, canından olmak yerine.
Mahvettiğin bu insan ve hayvanlar
aydınlattı beni senin hakkında,
söz konusu bile olamaz aşk yaşamam seninle. "
100 Bunca azarı işitince İştar
Anu'nun yıldızında aldı soluğu
ve haykırdı: "Baba, babacığım, lütfen,
gururumla oynadı Gılgamış. "
"Günahkarmışım ben, ona göre ve
sadakatsiz hem kendime hem başkalarına. "

"Şimdi, kızım, ilk sen aşağıladın da onu,
ondan mı dalga geçti Gılgamış seninle
ve yapıp ettiklerinle?"
110 İştar yanıtladı babasını yüksek sesle:
"Şimdi, durdur onu! Boğayı çöz,
ezip geçsin bir defada.
Bırak, boğa akıtsın kanını.
Ve hemencecik yap bunu; yoksa
kendi hakkımı kullanır, cehenneme yayarım öfkemi.
Salarım lanetli şeytanı. Ceset yağdırırım.
Bebekleri yedirtirim zombilere,
canlılarınkinden çok ölülerin ruhlarıyla dolar her yer!"
Tam olarak şunları söyledi Anu, İştar'a:
120 "Ama istediğini yaparsam,
yıllarca hüküm sürer kuraklık ve acı.
Yeterince erzak ayırdın mı,
korumana muhtaç insanlara?"
İştar şöyle dedi:
"Evet, bir planım var
sevdiklerim için. Şimdi,
isteğime uy, cezalandır
gururumu kıranları. "
Sonra, çığlığını duydu Anu
130 ve elde etti İştar istediğini.
Sonra salıverdi Anu göğün dışından bir boğayı
çatırdatarak dünyayı
yutabilirdi Uruk halkının dokuz düzinesini!
Bir deprem mezar olabilirdi bu kadar insana
İki, üç ya da dört yüz; hatta
daha fazla kurban boyladı cehennemi.
Ve üçüncü sarsıntıda
140 çok yakındaydı Enkidu,
düştü geniş ve korkunç cehennem çukuruna.
Yığılıp kaldı dünyayı titreten boğanın yamacına.
Sıçrayıverdi, yakalamak için boğayı uzun boynuzlarından
vahşi ağzıyla yüzünde açtığı yaraya rağmen,

ve leş kokusuna burnunun dibindeki bağırsakların.
Sonra şunları söyledi Gılgamış'a:
"Şimdi ikimiz birimiz içiniz.
Nasıl alt edebiliriz ki bir tanrıyı?
Bize meydan okuyor, kardeşim
peki, biz göze alabilir miyiz karşı koymayı?
Yapabiliyorsak öldürelim hemen şimdi.
Gözü pek atılalım, yüreğimizde inançla
150   tanrının verdiği güce.
Soğukkanlı olmalıyız ve güçlü
kesmek için düşmanımızın zayıf boynunu. "
Enkidu etrafını sardı, koştu peşinden
yakaladı o cennet hayvanını.
Bir matador gibiydi Gılgamış:
güçlü ve kıvrak;
sapladı kılıcını Enkidu'nun tuttuğu boğanın boğazına.
Kestikten sonra boğayı söküp çıkardılar kalbini
kutsasın diye Shamash.
160   Gılgamış ve Enkidu ardından
terk edip minberi, uzaklaştılar
dua ederek büyük bir saygıyla.
Nihayet oturdular, savaşın bağlarıyla, bağlarıyla duanın.
Uruk duvarlarının üzerinde görüntüsü İştar'ın
üzünçlü bir dul gibi.
Feryat etti acılar içinde:
"Lanet olsun, Gılgamış kim yaraladı beni
katlederek kutsal bir boğayı?"
Enkidu bir çırpıda karşılık verdi
170   Boğanın budundan büyük bir parça fırlatarak kafasına.
Ve ardından bağırdı İştar'a:
"Sana verebileceğim tek şey
bu çirkin boğanın kanlı artığı
yaklaşırsan eğer yanıma. Bağlarım ellerini
ipi andıran bağırsaklarıyla. "
Buyruğundakilere işaret verdi İştar:
güzel tıraşlı piskoposlar, koro şefleri ve

cazibeleriyle savaşçıları baştan çıkaran kızlar.
Şehrin yüksek duvarları üzerinde
durarak ölen hayvanın sert budu ile
180 ağıt ve feryat için onları topladı yanına yöresine.
Bu dini ayini sonlandırmak ve süslemek için tahtını
davet etti Gılgamış her tür zanaatkarı.
Kimi çapını ölçtü boğanın
Boynuzlarının; her birinde otuz gram lacivert taşı.
Ve içinde boynuzların
altı kavanoz zeytinyağı.
İşte buydu, bir iksir niyetine Gılgamış'ın,
götürdüğü koruyucusu Lugalbanda'ya.
190 Öküzün boynuzlarını götürüp koydu
dini törenler yaptıkları, kutsal bir yere.
Gidip yıkadılar kanlı ellerini
bağışlayıcı bir nehirde,
derinlerinde sonsuz Euphrates duruyordu hiç değişmeden.
Rahata çıkınca sonunda, yinelediler antlarını
kısa süren bir kucaklaşmayla.
Sonra dörtnala gittiler kalabalık sokaklarına Uruk'un,
bir alkış deryasına. Durdular ve şunları söyledi
Gılgamış onları bekleyen topluluğa:
200 "En etkileyici adam kim şimdi?
Kim en iyi, en dayanıklı ve adil?
Değil mi ki, Gılgamış bütün adamlardan üstün
Ve Enkidu en güçlüsü hepsinin?"
Gün boyu şölen yaptılar, eğlence gırla
gece de uyudular ölü gibi.
Ancak hızla ayıktı Enkidu
hafifletmek için ruhundaki acıyı
ve yaşlar sel olmuş akarken, sordu Gılgamış'a:
"Kardeşim, bu rüyamda gördüklerim niye;
niye toplanmış yazgım için tanrılar?"

7. Tablet
1., 3. ve 4. Sütunlar

Enkidu'nun Ölümü

1. Sütun

Enkidu açıkladı rüyasını Gılgamış'a:
"Bütün tanrılar etrafıma toplanmıştı dün gece
ve Anu diyordu ki Enlil'e, ölmeliymiş ikimizden biri
lekeledik diye isimlerini.
Araya girip Shamash;
'benim rızamla öldürdüler' dedi
'Hem Humbaba'yı hem de boğayı'
ama intikam bürümüştü diğerlerini."
sonra, hasta düşüp Enkidu yitirdi tüm kuvvetini.
Ölüme yatmış arkadaşına karşı,
10   Sabitlenmiş bir ağıt gibiydi sözleri Gılgamış'ın:
"Neden senden alınan yaşama hakkı,
elimde kalıyor benim?
Üzgün gözlerime yansımayacak mı yakında suretin?
Derinlerine mi inmeliyim bu dünyanın,
ölülere ayrılan dünyalara?"
Bakışlarını dikti yukarı Enkidu
Feci şekilde ezildi yol gösteren eli:
"Bütün ormanların kapısı, yağmuru rüzgarla bezeyen
20   sağır, dilsiz, kör kapı;
kapılıyorum özündeki dayanıklılığa,
görmeden evvel güçlü ağaçları ilk kez
sana bırakıyorum gücü.
Öyle eşsiz ki şu dünyada
değerin ve görkemin.
İki yüz adım yükseğe, kırk adım çevrene
yayılır gücünün etkileri, değersiz menteşen
sökülüp dikilir Nippur'un kutsal toprağına.
Tahmin etseydim böyle olacağını,
30   un ufak ederdim seni
baltamla ve dikkat kesilirdim
bedenin lime lime etmesin diye elimi."

3. Sütun

Sonra lanet ederek karşılaştığı ilk avcıya
ve ilk kez aşık olduğu rahibeye, tepesi attı Enkidu'nun:
"Doğra onu. Kes yüzünün yarısını.
Seller döşe ayaklarının altına
güveni bozulsun tüm hayvanların. "
Ve eski sevgilisi Enkidu sövdü onun kutsal bildiğine:
"Ayağa kalk, büyücü, kaderini dinle
40   değişmeyecek şimdi ve daha sonra.
Her daim lanetleyeceğim seni.
Taşla bir bir kıracağım dişlerini ve
kapanmayacak ağzın
teşekkür edene dek katiline
evsiz barksız bırakacak o seni
upuzun yollarda,
iğrenç çukurlara saplana saplana.
Her kim varsa yaralayabilecek seni
geçmektedir geçtiğin yollardan.
Umarım korku içinde yaşarsın, ümitsizce
50   ve hasret ölürsün sevginin sıcaklığına. "
Yükseklerden yanıtladı, Shamash:
"Güzel aşığı, Enkidu, lanetledin sen
sana ekmek, sana et, sana güveç veren,
bira ikram eden sana,
hep, kutsal yemek ve içecekler
tanrısallaşasın diye.
Benim düşüncesizim, güzel aşığım
altın sarısı kaftanlar bahşetti sana, mavi kaftanlar
60   ve en önemlisi o sıkı dostun
her şeyi yapabileceğiniz fikrini verdi
o zaman ve hâlâ.
Sana verdiği yatağın eşi benzeri var mı
dünyada veya cennette?

Arzularının sağlamadı mı emsalsiz
olmasını; böylece efendiler
öpmediler mi geçtiğin toprağı?
Yasını tutmayı da o öğretir Uruk halkına.
Bütün insanlar gözyaşı döker ardından
70 ve sürdürür o gözyaşlarını
aldırmaksızın eline yüzüne bulaşan
kire, toza, çamura.
Umudunu yitirmiş aklıyla o
dolanıp duracak ormanlarda, üstünde başında paçavralar. "
Enkidu duyunca bu acıklı sözleri
kesildi sesi soluğu
ve biliyordu ki yürekten doğruyu söylemekte Shamash.
Buhar oldu öfkesi ve huzur içinde
yumdu hayata gözlerini.

4. Sütun

80 Son sözleri bir yakarıştı Enkidu'nun
ve şunları söyledi sevgili dostuna:
"Dün gece rüyamda
cennetten ve dünyadan dökülüyordu
nice iniltiler; bense yalnız, naçar,
haraptım bir başıma. Korkunç ve
tehditkar yaratıklar üzerime uçuşuyor,
çekiyorlardı pençeleriyle
korku sağanağına, ölümün evine
gölgeler kraliçesi Irkalla
90 dikilmiş, emir veriyordu hepsine.
Öyle bir karanlık ki
içine düşen gün yüzü görmez bir daha.
Bir yol ki öyle,
uzaklaştıkça uzaklaşır hayatın neşesinden, aydınlığından.
Kuru tozdur oradakilerin yemişi,

asla dinmez korkunç susuzluk, yoktur çünkü tek yudum su.
100 Ayakta dururken gördüm bütün ölüleri;
hatta kralları, kararan ruhlar arasında
toz buhar olmuş o eski şatafatları, öylesine uzak.
Bütün dünyevi yücelikler uçup gitti
girdim ben de ölümün evine.
Uzun süredir orada olanlar
kalkıp selamladı beni. "
İşitince bunları yüce Gılgamış dedi ki o hoş annesine:
"Kendi yitişini görüyor dostum Enkidu
ve üzgün, yatıyor ölüme bir karyola üzerinde.
Her geçen gün azalıyor gücü ve artıyor merakı;
Ne kadar zamanı kaldı ellerinin, gözlerinin ve dilinin?"
Son sözlerini sürdürdü ardından Enkidu:
110 "Oh, Gılgamış, bu nasıl kader ki
bahşetmedi bana onurumla cephede ölmeyi.
Gözden düşüyorum an be an; solup kuruyorum gün be gün.
sükunet içinde ölürken, mahrumum
birdenbire ölmekten silahların dansında. "

8. Tablet
1.-3. ve 5. Sütunlar

Gılgamış'ın Yası
Ölümlülük Heyulası
Enkidu'ya Veda

1. Sütun

Sonra bir kez daha şafak vaktinde
son verdi Gılgamış sessiz geçen geceye
ilk o yükseltti ellerini ve sesini,
dedi ki:
"Oh Enkidu, kim var ki annesi
bir karaca kadar zarif
ve babası
atlar kadar hızlı, çevik
10 doğanın tüm adetlerini eksiksiz bilen
tüm zorluklarına karşı yabanıllığın
seni yetiştirenlerin kuyruğu vardı,
ve kürkleri; midelerinde iltihap,
bıyıkları tüy tüy.
Ulu ormanına giden bütün yollar
sessiz şimdi, vahşi dostlarının hıçkırıkları hariç.
Uruk'un yaşlı erkekleri ve kadınları
yasını tutuyor bugün,
solgun avuçlarını açıp dua ediyorlar
biz seni taşırken Kur Dağı'na.
20 Kan ağlıyor mağaralar, vadiler
ve ulu ağaçlar;
koşmayı sevdiğin sahilin üstünde.
Ve ağlamakta şu an,
koca ayılar, ufacık köpekler,
aslan ve kaplan yavruları ve
hatta kesildi gülüşü sırtlanın.
Vahşi boğa ve en hızlı karaca
Hepsi, hepsi çekmekte içini
ağlamakta hepsi birden.
30 Ulay nehrinin o muhteşem kıyıları gurur dolu bugün
orada yürümüştün yalnız başına, her genç erkek gibi
düşünmüştün ilk kez yaşamı ve ölümü.
Evet, o ulu kahverengi tanrı;

Arkadaşım öldü ve koptu yüreğimin yarısı.
Onun gibi olmayacak mıyım yakında?
Buz kesmiş bedenimin tüm canlılığı yitecek sonsuza dek.
(26. Şekil)

Ulay Nehri, yasını tutuyor bugün
Fırat'ın suyu gibi sonsuz ve sakin.
Uruk'un kaba adamları yasını tutuyor
Kutsal boğayı öldüren senin.
40 Hepsi gözyaşlarını sana akıtıyor bugün
ve namından etkilenenler de Eridu'da
sesini ünleyip yüksekçe
sana akıtıyor gözyaşlarını
ve ilerleyen günlerde
seni bilmeyenler bile
akıtacak gözyaşlarını kederli yazgın için.
En sevgili teyzen, mutlu hizmetkarın
ilk sevgilin;
ilham kaynağın, eşin, biriciğin
ve yalnız kalmaktan korktuğun,
50 oturup yemek yediğin tüm kadınlar
yemesine içmesine yardım ettiğin erkekler
her biri ve hepsi,
sevenler hızlı; yavaş yavaş yabancılar.
Dokundukların ve sana dokunanlar
neler hissettiğini hiç bilmeyenler.
Hepsi ama hepsi yaşlara boğuldu bugün
çünkü duydular
ansızın yitip gittiğini. "

2. Sütun

"Uruklular, öyle ağlayacağım, öyle ağlayacağım ki
60 keder içindekilerin asla söyleyemedikleri
dökülecek sonunda dilimden, duyacaksınız.
Ailesi, dostuydum ben Enkidu'nun
bir zamanlar haşmetle yürüdüğümüz ormanları
doldurmalıyım şimdi üzünçlü hıçkırıklarla.
Delirmiş kadınlar gibiyim, Enkidu, iki gözüm iki çeşme.
İnliyorum. Feryadım sana; çünkü kuşağımda baltamdın
ve güçsüz ellerimde yayım; kınında kılıcımdın,
savaşta kalkanım; en muzip kaftanım;

en güzel kıyafetimdin,
sen, her ne varsa alemin gözünde en güzel gözüktüğüm.
- 70 İşte buydun; hep bu olacaksın.
Hangi şeytan seni benden aldı?
Peşine düşüp, avladın en güçlü katırı,
dağ doruklarındaki en hızlı atı,
ovalarda en hızlı panterleri.
Ve onlar karşılığında ağlıyor senin için.
Gökteki kuşlar ağlıyor feryat figan.
Kıyıya toplandı göldeki balıklar.
Başka neler mi kulak verdi bu kedere?
Yaprakları ağaçların ve aşığı olduğun yolları
80 karanlığa büyüyen ormanın.
Gece mırıldanıyor ve eksik kalmıyor gündüz.
Şehrin bir defa da olsa narin yüzünü
gören gözleri ağlıyor.
Niye? Kardeşimdin çünkü ve öldün.
Karşılaştık, dövüştük ve sevdik birbirimizi
doruklarına çıktık dağların, bir hayvanda saklı
kudretini karşımıza aldık tanrının cesurca
sonra kestik boğazını karşımızda alçalan Humbaba'nın
ormanlık arazilerin yeşil tanrısının.
Bir uyku büyüsü var şimdi üzerinde
kör karanlıktasın ve sağır. "
90 Enkidu kıpırdayamayacak artık.
Kaldıramayacak başını.
"Şimdi tüm toprağa yayılmış ses
tek bir anlama geliyor.
Kederin sesini işitiyorum ve bilmekteyim
ölüm alıp götürdü seni.
Ağla. Bırak, beraber yürüdüğümüz yollar
bezensin gözyaşıyla.
Bırak, ağlasın avladığımız hayvanlar:
aslan ve leopar; kaplan ve panter.
Bırak gözyaşlarında toplansın güçleri.
Bırak, orman hazinelerinin koruyucusunu öldürdüğün,
başı bulutlu dağlar,

hüzünle döşesin üzerlerindeki göğün mavisini.
Bırak, taşsın kıyısından ayaklarımızın acısını alan nehir
kuru yanaklarımı şişirip sıkıştıran yaşlar gibi.
100 Bırak, bulutlar ve yıldızlar ölüm yarıştırsınlar seninle.
Bırak, düşümüzü kuran yağmur
senin öykünü anlatsın bugün.
Kim tutuyor şimdi yasını, kardeşim?
Seni tanıyan herkes.
110 Sana tahıl getiren çiftçiler ve ekinciler
tarlalarında yalnızlar şimdi.
Evinde çalışan hizmetliler
bugün adını fısıldıyor boş odalara.
Her yanını öpen aşık
Kokunla bezeli parmaklarıyla dokunuyor soğuk dudaklarına.
Sarayın kadınları oturuyor
ve dikkatle süzüyorlar kraliçelerini.
Hıçkıra hıçkıra ağlıyor, ağlıyor, ağlıyor...
Cesurca oynadığın adamlar
120 sevgiyle anıyor ismini.
Bu kötü yazgıyı sindiremiyorlar içlerine.
Ben ne yapıyorum? Şudur tek bildiğim: Korkunç bir kader
mahrum etti beni en sıkı dostumdan biraz evvel.
Ne haldesin şimdi? Yittin mi sonsuza dek?
İşitiyor musun şarkımı?
"Sessiz kalbine koydum elini."
Bir kardeş örttü diğerinin hareketsiz yüzünü
gelin beyazı bir örtüyle.
"Üstünde uçtuğuma göre bir melek gibiyim."
130 Genç sevdiğini yitiren büyük bir kedi gibi
ileri geri kayarak yitirdi mantığını bu hüzünle.
Pek çok adama buyurdu onur anıtları dikmelerini, şu sözlerle:
"Göğsü asil bir tonu olsun mavinin ve onurlu bedeninin
üstünde bir mücevher
tüm bakanlar iyice görsün nasıl yücedir o
nasıl görkemli."
Huzursuz bir uykudan kalktı ertesi gün Gılgamış.

3. Sütun

Kuşdilindeki sözleriyle devam etti Gılgamış:
"Bir anıtla onurlandıracağım ölü bedenini
seni üstüne koyacağım
140 dünyadaki tüm prenslerin, kutlayacaklar seni
uzak yerlerden gelenler
ister zengin olsun gönülleri ister fakir
şapka çıkaracaklar anın önünde
Ve sen gittin ya
ne güzel giysiler giyerim artık ne yediğime aldırırım
hep nasıl yediğini anacağım ve nasıl giyindiğini. "
Güneş her doğduğunda sabahları,
aslanların kürklerini soyacak Gılgamış
ve şu duayı edecek kalkınca:
150 "Değerli bir jest cenazen,
kendi hatamı örttüğüm.
Elveda canım kardeşim. "

◇◇◇◇◇◇◇◇◇◇◇◇◇◇◇◇◇◇◇◇◇◇◇◇◇◇◇◇◇◇◇◇◇◇◇◇◇

– Ave atque vale, frater.
                – "Selam ve elveda, Kardeşim." (Latince)
– Sat sri akai meri pra.
                – "Hoşça kal, Kardeşim." (Bengalce: Hindistan)
– Dehna hune wood wordema.
                – "Elveda, canım Kardeşim." (Habeşçe: Etiyopya)
– Slan agat, seanchara.
                – "Sağ salim git, eski dost." (Keltçe)
– Shalom.
                – "Huzur." (İbranice)

◇◇◇◇◇◇◇◇◇◇◇◇◇◇◇◇◇◇◇◇◇◇◇◇◇◇◇◇◇◇◇◇◇◇◇◇◇

5. Sütun

Dinmeyen kederinin soyluluğuyla
karşıladı ertesi sabahı.
Annunaki'yi düşledi Gılgamış;
160 kaderini çizeni yeraltına gidenlerin.
Yüreğine hakim olmayı öğrenince
aynı görüntüyü yarattı
bir nehrin yüzeyinde.
Şafak vakti,
özel odundan yapılmış ilahi masada
üzünçlü kral kutsal, mavi bir kase koydu
tereyağı, balla dolu
Tören duasında bunu önerdi
170 Shamash'a, saygıdeğer tanrısına.

9. Tablet
1. -6. Sütunlar

Ölümsüzlük Konuğu
Akrep

bir vahşi hayvan gibi;
aslanların başını keserdi
ölüm üstüne ölüm getirirdi onlara
(27. Şekil)

1. Sütun

Gılgamış biraz daha yaş akıttı ölen
arkadaşının ardından. Üzerinde çorak
tepelerin dolaşırken naçar, sordu kendi ruhuna:
"Sen de ölecek misin Enkidu gibi?
Senin yemişin olacak mı keder? Bu çıplak
tepelere bakıp korkacak mıyız ikimiz?
Şimdi koşturup duruyorum oradan oraya
hiçbir yer doyurmadığından beni
Utnapishtim'e çevirdim rotamı,
10 Ubaratutu'nun altın çocuğuna.
Dindar bir yaşam sürmekte, adil Dilmun'da güneş
cennet bahçelerindeki gibi doğar,
kaybeder ve kazanır.
Uykuda gibi vardım dağın kapısına, bir gece yarısı
vahşi bakışlı kaplanları gördüm, korktum.
Sonra güçlü ışığın tanrısı Sin'e
yükseltip ilahilerimi, yakardım:
"Koru beni, tanrım. "
20 Dinlendiyse de bazı bazı
ne uyuyabildi o gece ne rüya gördü.
Ormanlarda dolaşıp durdu
bir vahşi hayvan gibi;
aslanların başını keserdi
ölüm üstüne ölüm getirirdi onlara
çıkardığı baltayla
kuşağından.

2. Sütun

Mashu Dağı'nın eteğine nihayet ulaştığında
Gılgamış tırmanmaya başladı
çift taraflı uçurumda;
30 hop oturup hop kalktı Shamash.

Şimdi bu birbirine benzer kuleler
dokunuyor ıraklardaki göğe
ve oldukça aşağılarda cehenneme uzanıyor göğüsleri.
Zehirli akreplerdi koruyan ana kapıyı;
her şeye, herkese saldıran
tılsımları ölüm getiren.
Ve akreplerin güç parıltıları yayılır
doğduğum köy boyunca
40   ama durmaz ilerler
dağ doruklarına.
Şafakta ve gecede korurlar Shamash'ı.
Ve sezince Gılgamış onların varlığını
Cesaret edemedi tehditlerine bakmaya;
kaçırdı bakışlarını
korkuyu salınca başından
yakınlaştı dehşetle.
Oradaki koruyuculardan biri
50   şunları söyledi karısına:
"Üstümüze gelen bu kişi
kutsaldır yarı yarıya. "
Ve yine aynı kişi
şunları söyledi Gılgamış'ın tanrısal yanına:
"Sonsuz yürek, ne diye
yapıyorsun bu upuzun yolculuğu
gelmeye çalışıyorsun yanımıza
cefa çekerek? Şimdi konuş. "

3. Sütun

Şöyle dedi Gılgamış: "Buraya,
60   büyüğüm Utnapishtim'i görmeye geldim,
süreğen ve sonsuz yaşamın
cisimleşmiş halini. "
Şöyle dedi zehirli bir akrep olan koruyucu:

"Burada aradığını öğrenmeye
gelmemişti hiçbir ölümlü.
Katettiğin mesafeyi hiç kimse
70   katetmedi şimdiye dek;
girmedi girmeyi istediğin çukurlara.
Güneşi doğurup batıran Shamash da olmasa
tek bir ışık huzmesinin olmayacağı
bu büyük karanlıktan geçmedi hiç kimse,
kimseye izin vermem çünkü
yasakladım buraya girişi. "

4. Sütun

Istırapların en derini
buzla ya da ateşle yayıldı dört yana.
Akreplerden biri,
bilmiyorum erkek mi kadın mı,
80   şöyle dedi:
"Gılgamış, ilerlemeni
buyuruyorum
en yüksek tepelere
cennete yükselen tepelere.
İyi şanslar!
Buradan izin çıktı, onaylandı yolculuğun. "
Böylece yola çıktı Gılgamış,
Mashu dağlarının içindeki kutsal patikadan
Shamsah'ın kıymetlisi,
90   tutsak gün ışığının yanından.
Karanlıktı, karanlık
akşamdı, habis, kör;
takip etti onu patikada
attığı adımlar boyunca.

Böylece yola çıktı Gılgamış,
Mashu dağlarının içindeki kutsal patikadan
Shamsah'ın kıymetlisi,
tutsak gün ışığının yanından.
(28. Şekil)

5. Sütun

KARANLIK
Yıldızsız, aysız göğün altında
donmuştu Gılgamış, göremiyordu önünü.
Vakit, hemen öncesiydi gece yarısının;
gece yarısının göz çukurları boştur ya ondan
100 görülmüyordu ve donmuştu.
İlk başta tökezledi ve düştü
kör ve tir tir titreyerek.
Sendeleyerek yürüdü sonra
kör ve tir tir titreyerek.
Sonra hiç bocalamadı
kör ve tir tir titreyerek.
Şafakta ikinci rüzgarla ısındı
kördü hâlâ ve titriyordu tir tir.
Ey insanoğlu,
son şafağında
110 göreceğin tek şey düşey ışıkta
kırılan görüntüler yumağı,
hep kaçtığın o bakış yapışacak yüzüne;
birden farkına varacaksın tüm tanrıların
ve evleriniz kadar kıymetli bahçelerin
mavi gövdeli ağaçlar, ah unutulmuş mücevher
gerçektir, geçmişten akılda kalan her anı kadar.

6. Sütun

Sonra patika boyunca
hızlandı Gılgamış
ve nihayet geldi
120 çiy damlalarıyla tazelenmiş kıyılara.
Ve orada karşılaştı
denizin sırlarını bilen bir bakireyle.

10. Tablet
1.-6. Sütunlar

İçecekleri Ruhu Arındıran Siduri
Kayıkçı Urshanabi
Gılgamış Utnapishtim'e Yakarıyor

1. Sütun

Siduri'ydi bu nazik insan
deniz kıyısında otururdu
sallanırdı bir o yana bir bu yana.
Suyu solgun bıraktı; ilk altın kaseyi
yaparak, güneşi gözetlerken
peçesindeki aralıktan.
Kral Gılgamış yaklaştı
kadının deniz kıyısındaki kulübesine,
bir dağ adamı gibiydi giysileri
bir etobur
10   kalbinde acıyla
ve bakışlarında korkunç, uzun
bir yolculuğun izleri.
Kadın yaşam bahşeden içecekler sunardı erkeklerine
ve kendi kendine dedi ki: "Şimdi geleni tanı.
Öldürecekmiş gibi yürüyor. "
Bu nedenle Siduri kilitledi kapıyı
taşlar yerleştirdi ardına.
İçerideki sesleri işiten Gılgamış
bağırdı: "Niye saklanıyorsun?
20   Kırmak zorunda mıyım bu kapıyı?
İçecekleri ruhu arındıran Siduri
şu sözleri etti Gılgamış'a:
"Basit bir nedeni var mı bunca üzgün olmanızın
ya da neden böyle asık yüzünüz, böyle cılız?
Talih yıkıp attı mı gençliğinizi ya da acımasız
bir hüzün eritip bitirdi mi sizi?
Uzun, korkunç bir yolculuktan gelmişe benziyorsunuz
sıcağın ve soğuğun aşırılıklarını taşıyor gibi,
her yerde güzellik kırıntısı arıyor gibi. "
Yanıtladı onu Gılgamış,
30   yanıtladı erkeklerine yaşam bahşeden içecekler sunanı:
"Basit bir nedeni yok bunca üzgünlüğümün

ya da böyle cılız böyle asık olmasının yüzümün.
Sadece talih değildi yıkıp atan gençliğimi.
Acımasız bir hüzün eritip bitirdi beni.
Ama uzun, korkunç bir yolculuktan gelmiş gibiyim
sıcağın ve soğuğun aşırılıklarını taşıyor gibi,
40 her yerde yaşamın soluğunu arıyor gibi
çünkü kardeşim, tek gerçek dostum, ölümle yüzleşti;
vahşi atlarla yarışırdı orada
turuncu kaplanları yakalardı burada.
Enkidu'ydu, ruhumun iyi yanı
vahşi atlarla yarışan orada
turuncu kaplanları yakalayan burada;
her şeyleri yaptı, dağları alt ederken ve
havada bulut gibi koşturan
kutsal boğayı;
50 Humbaba'yı, orman tanrısını, ağlatandı o
aslanları öldürmek için
açtığında ağaçlık yolu. "

2. Sütun

Devam etti Gılgamış:
"Her yerde benim için bulunan dostumu öylesine çok sevdim.
Her yerde benim için bulunan Enkidu'yu çok sevdim.
Bizi bekleyenler hep onu çağırdı ilk
susuz kaldım bir koca hafta, çürüyene kadar cesedi;
bir kez daha görebilmek için görkemini.
Sonra gelecek ölümüme ağladım
60 ve terk ettim evimi nefes alabilmek için dağ doruklarında
dostumun ölümü tutsak etmişti rüzgarımı.
Avare dolaştım bir nefes için dağ doruklarında
dostumun ölümü yeniden kesinceye dek rüzgarımı.
Yürümek. Yürümek. Tepelerin üzerinde yürümek.
Oturup dinlenebilir miydim?
Durup ağlayabilir miydim,
en yakın dostumun öldüğüne

bir gün yapacağım gibi. "
Sonra Gılgamış dedi ki,
70 içecekleri erkeklere yaşam bahşedene:
"Söyle nasıl bulurum Utnapishtim'i.
Nerede aramalıyım izini? Bana yol göster. Yardım et.
Denizler üstünden güvenle geçeyim.
Yoluma kılavuzluk et. "
Çarçabuk geldi yanıt:
"Hiç kimse gitmedi o yola
ve denizi aştım diyemez hiç kimse.
Sadece Shamash gitti oraya
yalnız o cesaret eder
80 güneşe bakmaya.
Acı, yolcuyu bulur hemencecik
ve yolcu bitkin düşer aniden
ölüm, döşer yolun
her köşesini tehlikelerle. "

3. Sütun

İçecekleri ruhu arındıran,
şu sözleri etti sonra Gılgamış'a:
"Hep hatırla, güçlü kral, tanrılar
çizdiler hepimizin kaderini
çok seneler önce. Sonsuz olan
90 yalnızca onlardır; biz zayıf insanlarsa
ölüme mahkumuz,
tıpkı senin başına da er ya da geç geleceği gibi.
Yapacağımız en iyi şey
şarkı söyleyip dans etmek.
Zevk almak sıcak yemekten, soğuk içecekten.
Aşkınızın yaşam vereceği çocukları okşayın.
Tatlı, serin sularda yıkanın.
Neşeyle oynaşın seçtiğiniz karınızla. "
"Neşelenmenizi istiyor çünkü tanrılar

Hep hatırla, güçlü kral, tanrılar çizdiler hepimizin kaderini
çok seneler önce. Sonsuz olan yalnızca onlardır; biz zayıf insanlarsa
ölüme mahkumuz, tıpkı senin başına da er ya da geç geleceği gibi.
Yapacağımız en iyi şey, şarkı söyleyip dans etmek.
Zevk almak sıcak yemekten, soğuk içecekten.
(29. Şekil)

küçük şeylerle, kısacık günlerin boş zamanlarında. "
100 "Peki, sevgili adamım, gidip bunca uzağa,
Urshanabi'nin yaşadığı yerlere
ne yapacaksın
Utnapishtim'in tepeleri arasında?
O, sadece ağırlığını bilir ölülerin
ve oyun oynar ölümcül yılanlarla.
Dudaklarını onunkilerin yanına koyar mısın?
Eğer dostça davranırsa, durma, devam et.
Ama uzaklaşırsa, bana dön. "
110 Bunu aklında tutarak Gılgamış
ufak tefek eşyalarını toparladı,
söktü kınından kılıcını, süzülüp kayboldu
nehre doğru ve orada karşılaştı ölüm denizinde kürek çekenle.
Gılgamış bir ok gibi fırladı yerinden,
kutsal sütunların taşlarını çatlatarak.
Urshanabi ancak ışıltısını gördü okun
ve çok geç duydu baltanın sesini.
Ve öylesine şaşırdı ki
hiç fırsatı olmadı saklanmaya
görmezden de gelemedi gözü pek adamı,
120 hiç şansı olmadı
güvenli bir geçit bulmaya.
Gılgamış yoluna devam edip
buldu işte Utnapishtim'in kayıkçısını da.
Bu adam, Urshanabi, şöyle dedi Gılgamış'a:
130 "Yüzün gergin; gözlerin iyi görünmüyor
ve cehennemin kendisi bakışından bir parça.
Bir keder taşıyorsun omuzlarında.
Uzun zaman evsiz yurtsuz kalmış gibisin.
Yabanıl yerlerde dolaşmış, öylesine aranmışsın. "
Gılgamış yanıtladı kayıkçıyı:
"Evet, efendim, doğrudur gergin olduğu yüzümün
ve şiş göründüğü gözlerimin.

Cehennem işi bakışlarım,
bir hasta gibi giyindiğimden kederimi.
Bu yolda uzun süredir evsiz, yurtsuz
bir mülteci değilim;
dolaşmadım öylesine kırlarda.
Yasını tuttum dürüst yoldaşım, gerçek dostum Enkidu'nun.
O avlayabilirdi en güçlü katırı, dağlık alanlarda en hızlı atı
140 ve düzlüklerdeki en seri panteri.
Her şeyi birlikte yaptık, tırmandık göğü delen doruklara,
aşırdık kutsal kaseyi, incittik tanrıları, öldürdük
Humbaba'yı ve göğü koruyan değerli aslanları.
Bütün bunları yitirdiğim dostumla yaptım.
Ölüm ilk onu buldu ve bıraktı beni
ağlayayım, feryat edeyim diye çürüyen cesedine.
Geziniyorum bir başıma, yükseklerde; hep hep ölüm
aklımda, yalnızca sevgili dostum.
150 Aştım pek çok dağı, denizi.
Hızımı kesemedim. Durduramadım ağıdımı.
Arkadaşım öldü ve koptu yüreğimin yarısı.
Onun gibi olmayacak mıyım yakında?
Buz kesmiş bedenimin tüm canlılığı yitecek sonsuza dek.
Bir kez daha yanıtladı Urshanabi:
"Yüzün gergin; gözlerin iyi görünmüyor
ve cehennemin kendisi bakışından bir parça.
Bir keder taşıyorsun omuzlarında.
Uzun zaman evsiz, yurtsuz kalmış gibisin
160 Yabanıl yerlerde dolaşmış, öylesine aranmışsın. "
Çabucak yanıtladı Gılgamış:
"Elbette, yüzüm gergin ve gözlerim şiş.
Elbette bir hal oldum ağlamaktan. Niye ağlamayacakmışım?
Utnapishtim'e yön sormaya geldim,
ölümün derin gölünün ötesinde yaşayana. Nerededir o?
Söyle nasıl giderim oraya, belki sırrını öğreneceğim yere?"
Son olarak şu sözleri etti Urshanabi, Gılgamış'a:

"Bu amacınıza en büyük zararı siz vermişsiniz,
kutsal şeylere söverek ve saygısızlık ederek,
170 putları kırarak ve kutsal taşları yerinden kaldırarak.
Taştan putları kırdın!
O zaman, şimdi, kaldır havaya baltanı. "
Cezası buydu Gılgamış'ın, söz dinleyip
kaldırdı baltasını, kınından çıkardı kılıcını;
hükümlüydü onca ağacı kesmekten de;
hazırladı onları ve
götürdü Urshanabi'ye.
Sonra, beraberce
ite kaka yerleştirdiler küçük kayığı
180 dalgalı denizin üstüne.
Yalnızca üç günde aldılar
başkalarının aylarca giderek
alacağı yolu
ve hemen sonra başladılar Ölüm Denizi'nde seyretmeye.

4. Sütun

Kralın çabalarını yönlendiren Urshanabi dedi:
"Çek, Gılgamış, çek zorlu küreği
sonra bir başkasını. Ona yirmi çekiş yap önce,
190 sonra yirmiye on; sonra iki on daha
ve sonra karıştır çekişlerinin sayısını
yüksek sesle sayamazsın ve başlamış olursun işe. "
Kürek çektikleri yolun yarısında,
parçalara ayırmıştı kürekleri Gılgamış
arkadan yırtıp gömleğini
yelkenlere ek olarak asmıştı gemi direğine.
Sonra, yıldızların ve bulutların üzerinden
indi sert bakışlarıyla Utnapishtim
ve sesli düşündü, dünyayı eğitirmişcesine:
"Putları kırmaya nasıl cesaret eder bir insan,
200 tanrılara ve tanrıçalara ait bir geminin dümenine geçmeye?

Çek, Gılgamış, çek zorlu küreği; sonra bir başkasını. . .
(30. Şekil)

Bu yabancı, hizmetlilerin ayakkabılarını bağlayamaz.
Görüyorum ama körüm.
Biliyor ama anlamıyorum
nasıl davranabildiğini
hayvanlar gibi. "

5. Sütun

Gılgamış pek çok şey söyledi Utnapishtim'e
karşılaştığı sorunları anlattı ve
müthiş kapışmaları. Arkadaşı Enkidu'yu anlattı,
gururla, onur duyarak ve
210 koca yüreğini sarsan kederini ölümün.
Duasını yöneltti tavırları soğuk Utnapishtim'e:
"Ey, ulu tanrı
nice yollar geçtim
dağları, denizleri aştım.
Hiç dinlenmedim. Hiç uyumadım. Keder tüketti beni.
Epeyi yıpranmıştı giysilerim,
bana yardım eden o kadına rastladığımda.
Her nevi hayvanı öldürdüm
yiyecek ve giyecek için.
220 Reddedilince harap düştüm.
Lanetlenmiştim
habislikten. "
Utnapishtim yanıtladı:
"Neden ağlıyorsun kaderine ve doğana?
Şans elinden tutmuş. Oluşumun
tamamen kaza eseri
yarı tanrısal yarı fani.
Sizin gibilere
nasıl yardım edileceğini bilmiyorum. "

6. Sütun

230 Utnapishtim devam etti:
"Tek kişi yok ki ölümü görsün.
İşitsin sesini ölümün.
Ama gerçektir ölüm
ve seslidir.
Kaç defa elden geçirilmeli bir ev;
ya da onaylanmalı bir sözleşme?
Hangi malların hangisine ait olduğunu
tartışmamayı kaç kez kararlaştırsın iki kardeş?
Kaç savaş olmalı, kaç tufan,
salgın hastalıklar ve sürgün?
240 Bunu söyleyecek olan Shamash.
Başka kimse göremez,
onun güneşte gördüğünü.
Soğuğu, soğuk cesetleri fark eder uzak mesafeden
ve uyuyanlarınkine bakar bir de.
Yok gibidir birbirlerinden farkları. Hangisi iyi,
hangisi kötü nereden bilelim?
Başka şeyler için de bu böyledir.
Üstümüzde bir yerlerde, tanrıça
Mammetum'un her şeyi kararlaştırdığı yerde
oturmaktadır Talih Ana, Anunnaki ile
250 söylenceler ve talihe ilişkin her karar alınır orada.
Yaşam sürelerini orada belirlerler,
ve sonra ölüm sürelerini.
Ama son aşamada her şey
insanda düğümlenir.
Yaşam süreleri tahmin edilebilir ancak. "
İşte böyle konuştu Utnapishtim.

11. Tablet
1.-6. Sütunlar

Tufan
Uykusuzluk Sınavı
Sonsuz Yaşam Bitkisi
Yılanın İş Bozanlığı
Muzaffer Dönüş

1. Sütun

Tüm yarı tanrıların en uzağı,
en sürgünü Utnapishtim'e,
şöyle dedi Gılgamış:
"Size, böylesi iyi bir adama, bakmak
kendi yüzümü görmek gibi su yüzeyinde;
bir başıma uğraşırken.
Benim gibi bir savaşçısınız siz de,
artık savaşmak istemeyen.
Sizin gibi insanoğlu insan
nasıl bir olur diğer tanrılarla?"
10 Utnapishtim'in yanıtı gecikmedi:
"Anca senin gibi cesur biri arzulayabilir
böyle bir bilgiyi. Ama sana söyleyeceğimi
sen duyacaksın ilk.
Hiç değişmeyen o Fırat'ın üstünde
bir yer var sizin Shuruppak dediğiniz,
tanrılarla tanrıçaların yatıp uyuduğu.
Sonra tufan geldi, tanrının isteğiyle.
Mama, Anu ve Enlil Shuruppak'taydı.
Çalıştırıcıları Ninurta da öyle
20 ve zalim Ennugi de
ve hep güzel bebekleri izleyen, ebedi bakire Ea.
O, eşlik etmedi diğerlerinin sahilde büyüyen sazlıklar
için söyledikleri ilahiye, şu öğüdü verdi bana:
"Kalkın, duvara benzeyen sazlıklar.
Kalkın ve kulak verin sözlerime;
Shuruppak'ın yurttaşı, Ubaratutu'nun çocuğu
evini terk et ve bir gemi yap.
Reddedin malın mülkün leş kokusunu,
yaşamayı ve sevmeyi seçin;
size verilenleri geri vermeyi ve yükselmeyi
30 seçin.
Makul olun, bu yolculuk yaşamda kalmanız için

ve bu gemide zenginlere yer yok.
İhtiyacın olan şeylerin tohumunu al yanına
ve özenle tart geminin yükünü,
hepsinden önce su geçirmez bir tavan tabii. "
Karşılığında şunları söyledim yakararak:
"Anladım, yüce Ea.
Ulu tanrılara söylediğiniz gibi davranmalıyım,
40   ama kendi adıma
bir nedenim olmalı insanlara sunacak. "
Sonra Ea dürüstçe yanıtladı:
"Soranlara Enlil'in
senden nefret ettiğini söyle.
De ki: 'Şimdi şehri terk edip,
Enlil'in canımı almak için beklediği yere gitmeliyim.
Cehennemin kıyısına.
Ea'yla buluşmaya gideceğim,
size zenginlikler yağdıracak;
50   her türden kuşu;
nadir balıkların en nadirini.
Tamamen yetişmiş ekinlerle dolacak şafak vakti toprak.
Ea, yaşamın tüm armağanlarını
bir bir yağdıracak üzerinize."

2. Sütun

Utnapishtim şu sözlerle devam etti:
"Hafta sonuna kadar tasarımlar yaptım
inşa ettiğimiz geminin döşemesinin değerini
duvarları uzanabilsin diye cennete;
60   tasarladım geminin dört yanındaki güverteleri.
5520 santimetreydi güvertesi.
Altıya, yediye bölüp
merdivenlerini ve meydanlarını yaptım,
yer ayırdım giriş kapıları için,
direklerini sağlamlaştırıp topladım

kullanılabilecek her şeyi.
Ocağa koydum geminin omurgası için zifti
ve üç halis yağ sipariş ettim başlangıç için
iki kez daha istedim üçer adet sonradan.
Güvenlik ne için?
70 Her gün kutsadım ilahi boğaları
ve insanlar için seçilmiş koyunları.
Bitkin düşürdüm işçileri, susuz
bıraktım, şarapla sınırladım içeceklerini;
varillerden boşalan suymuşçasına içtiler,
hazırlanır gibi hayallerindeki
yeni yıl eğlencesine.
Bir krem kutusu yaptım,
temizledim kremiyle ellerimi.
Bir hafta sonra gemi hazırdı,
80 bir ıstıraba dönüşse de yerine oturtmak
çünkü geminin kalasları koptu ve kırıldı
bütün içi suyla dolarken.
Ustalarıma neyim varsa verdim;
altın, gümüş, tohum.
Klanım ortaya serdi yiyeceklerini
ve ihtiyacımız olan her şeyi.
Sonunda sıra bana geldi
hayvanlara, kuşlara bakmak için
ve bebeklere; altları ıslak, gözleri yaşlı.
90 Vaktin geldiğini bildiren şu sözleri oldu Shamash'ın:
"Geminizin gideceği yolu seçin
ve fırtına tehdit eder etmez sizi
yelkenleri açın. "
Hemen ardından Anunnaki de haykırdı onlara.
Tanrıların bizzat kendileri acı içinde
oturup koyuverdiler ilk gözyaşlarını,
aktı yanaklarının ve dudaklarının üstünden.

3. Sütun

"Gelecek hafta boyunca
acı çığlıklar duyulacak gökten, fırtınalar
100 enkaza çevirecek dünyayı ve savaş çıkacak sonunda,
doğum sancılarını andıracak acısı.
İştar bile üzüldü
kederli halkının kaderine.
Okyanus sakinleşti.
Rüzgarlar dindi.
Tufan sona erdi.
Öyle durgundu ki şafak
tozlara gömülmüştü tüm insanlar.
Ve geniş bir tavan gibiydi dünya.
110 Sabah güneşinde gözledim ana kapıyı,
sonra döndüm, diz çöktüm ve ağladım.
Yanağımdan aktı gözyaşları.
Sonra aradım sahilin alçak ve yüksek yerlerini,
yakın ve nezih bir ada gördüm sonunda.
Gemimiz hızla saplanmıştı Nimush Dağı'nın yanına.
Nimush tutmuştu, bir hafta nasıl sallanabilirdi ki
oradan oraya?
Salıverdim gözcü kuşu, süzülüp tarasın diye araziyi.
120 Bir gün sonra döndü,
bitkindi, dinlenememişti hiç.
Sonra kuzgunu saldım, süzülüp tarasın diye araziyi.
Daha sığ denizlerin üstünde uçtu,
yemek buldu, özgürlüğüne kavuştu,
gerek duymadı geri dönmeye.
Daha sonraki kuşları dört bir ucuna saldım dünyanın
ve adak niyetine serpsinler istedim
pek çok dağın yükseklerine,
ayarladığım kutsal kadehlerdeki o ilahi içkiyi.
130 Bununla yaydım tanrıların hoşlandığı kokuyu,

onlar alınca kendilerine adadığım şirin kokuyu
toplaştılar yukarıda hayaletler gibi.

4. Sütun

"Uzaktaki göğe uzanan tepelerden
indi tanrıçaların en kadınsısı;
Aruru'yu gören,
Anu'nun onu cinsellik için yarattığı fikrine kapılabilirdi.
"Uzaklardan ve derinlerden gelen ulu tanrılar,
sürekli aklımda tutun
cinsellik konusundaki bu fikri
140 boynumdaki mavi, kutsal madalyondur belirtisi.
Bırakın hatırlayayım, neşe içinde
o günleri gelecekte de.
Sahilimin tanrıları, tanrıları göğümün
gelin, size hazırladığım yemeğin başına;
ama Enlil'e izin vermeyin
çünkü suya gömdü yakınlarımı
tanrılara danışmadan. '
Gemiyi görünce Enlil
150 sağduyusunu yitirdi ve kan emici canavarları saldı
'Kimin haddine öfkeme karşı çıkmak?
Nasıl cesaret eder bir adam hâlâ sağ kalmaya?'
Sonra Ninurta şunları söyledi Enlil'e:
'Sözcüklerin yaratıcısı Ea dışında hangimiz
konuşmayla ilgili şeyler yaratabiliriz?'
Bu sözler üzerine söze karıştı Ea:
"Kurnaz tanrı,
gökleri karartan
ve çetin savaşçı,
160 nasıl cesaret edersin boğmaya
bunca küçük insanı, bana danışmadan?
Neden sadece size saldıranı öldürmediniz,
niye sadece onu boğmadınız?

ve adak niyetine serpsinler istedim, pek çok dağın yükseklerine
bıraktığım kutsal kadehlerdeki o ilahi içkiyi. Bununla yaydım
tanrıların hoşlandığı kokuyu; onlar alınca kendilerine adadığım
şirin kokuyu, toplaştılar yukarıda hayaletler gibi.
(31. Şekil)

Onun biletini kesseydiniz yalnızca.
Katil yağmurlarda insanların boğazına yapışan kediler yerine
katil yağmurlarda kavrulan boğazların açlığı yerine
katil yağmurlarda insanların zihinlerini ve yüreklerini
saran hastalık yerine.
İğrenç tanrısal sırları ben vurmadım açığa.
Utnapishtim'den utan
170 o her şeyi görüyor,
o her şeyi biliyor. "
"Bu hikayeler üzerine iyice düşün, Gılgamış. "
"Sonra gemimin üstüne çullandı Enlil,
nazikçe kaldırdı beni balçığın üzerinden,
diz çökertip beni yanıma oturttu karımı
ve kutsadı her ikimizi de eğik başımızın üstünden elleriyle.
Böylece kutsadı.
Böylece kutsandık. "
Ondan önce, kutsal değildi Utnapishtim.
180 Sonra, karısıyla birlikte tanrılaştırıldı
ve nehirlerin başlangıcını yönetmeye gönderildi.
"Tanrılar, nehirlerin başladığı her yere gönderdi beni, yönet-
mem için. "
"Senin için Gılgamış, geçeceğin yolları ve
geleceğini hangi tanrılar belirlemeli?
Kalk! Hazır ol! Yedi uzun ve uykusuz gece
baş başa kal yıldızlarla. "
Ama her ne kadar uğraşsa da ayık kalmaya,
ağırlaştı gözkapakları ve uyku sızdı içlerine.
Sonra şunları söyledi Utnapishtim:
190 "Sevgili karıcığım, yakarmaya çalışanın haline bak
bir sis perdesi gibi uyku inince gözlerine. "
Çok nadir konuşan kadın şöyle dedi:
"Uyandır şimdi onu ve zarar görmemesini
sağla. Bırak dönsün evine. "

5. Sütun

Sonra, şunları söyledi Utnapishtim:
"Alt üst olmuş ruh, alt üst edebilir pek çok tanrıyı.
Yemek verin ona, nazik davranın.
Ama hesabını tutun nasıl uyuduğunun,
neler yediğinin. "
Kadın yemek verdi, nazik davrandı ve
hesabını tuttu nasıl uyuduğunun.
"Bir, iki, üç
200 uyudu adil ölümle.
Dört, beş, altı
öyle soğuktu, öyle tedbirli. "
Sonra ölümden döndü bir nefesle.
Gılgamış, çok nadir konuşana, şunları söyledi:
"Uykuya dalar dalmaz
bana rüya gönderdin. "
Ve şöyle yanıtladı onu Utnapishtim:
"Uyudun adil ölümle.
Öyle soğuktun, öyle tedbirli.
210 Sonra ölümden döndün bir nefesle. "
Böylelikle, Gılgamış, çok nadir konuşana döndü:
"Bana yardım et Utnapishtim. Neresidir evi
benim gibi kendini yitirmiş birinin?
Ölüm, yatağımda uyuyor.
Ayağımın değdiği her yerde,
dikenlerine saplanıyorum onun. "
220 Utnapishtim şunları buyurdu denizci tanrıya:
"Sevgili Urshanabi, bir daha karaya çıkman
kolay olmayacak ya da denizden sahile yolculuk
etmen çünkü artık
bulamayacaksın güvenli bir liman.
Bu kum rengi ve dağınık saçlar
neredeyse sular altına gömeceğin saçlar değil.
Zona mahvetti onun saklı güzelliğini.
İyisi mi bir yer bul onu temizleyecek.

230   Hızla git tatlı su göletlerine,
böylece bugün yine görürüz hepimiz ışıltısını.
Kıvırcık saçlarını bağla güzel bir kurdeleyle.
Geniş omuzlarına geçir şen kaftanını,
böylece zafer edasıyla gitsin kendi şehrine.
Bırak giyinsin, yaşlılarınınkine benzer kutsal pelerini
ve her daim temiz tutulduğundan
emin ol. "
Denizci tanrı, Gılgamış'ı götürdü
yaralarını temizleyecekleri yere.
Öğle vakti görebiliyordu yine herkes ışıltısını.
240   Kıvırcık saçlarını bağladı güzel bir kurdeleyle
ve geçirdi omuzlarına şen kaftanını,
böylece gidebilirdi Uruk'a zafer edasıyla
üstünde temiz bir pelerin ki asla kirlenmeyecek.
Urshanabi ve Gılgamış sahildeki dalgakıranların
üstüne yerleştirdi gemiyi
ve başladılar denizler boyunca gitmeye.

6. Sütun

Utnapishtim'in karısı şunları söyledi ilgisiz kocasına:
"Bu Gılgamış çok ter döktü buraya gelmek için.
Geri dönerken ödüllendirsene onu. "
250   Tam o sırada, Gılgamış kürek çekiyordu
gemisini döndürmek için geriye.
Utnapishtim seslendi ona:
"Gılgamış! Çok ter döktün buraya gelmek için.
Geri dönerken nasıl ödüllendirebilirim seni.
Yalnızca tanrıların bildiği bir sırrı
paylaşayım mı seninle?
Bir bitki var kayaların arasında gizli,
susamış ve saplanmıştır iyice dibe,
devedikenleri batmaktadır ona.
260   İşte o bitkinin içinde aradığın sonsuz yaşam. "
Gılgamış hızla araştırmaya girişti.

ama bir yılan süzülüverdi yanından
ve Gılgamış'tan aşırdı bitkiyi,
yılanın gençleştiğini gördü Gılgamış.
(32. Şekil)

Dikkatlice yüklendi, soğuğa daldı,
soğuk sulara ve gördü bitkiyi.
Yaprağını tuttuğunda canı acıdıysa da
hızla kavradı. Çıkarıp attı üzerindeki yükleri
ve yüzeye çıktı.
Ve şunu dedi Gılgamış denizci tanrı Urshanabi'ye:
"İşte burada yaşamın tüm
değerini taşıyan yaprak.
270   Şimdi Uruk yollarına düşmeliyim,
çobanlarla dolu bir kasabadır
ve orada yaşlılara
yemiş olarak vereceğim bu bitkiyi,
onlar da yaşam veren diye adlandıracaklar.
    · Ben de yemeye niyetliyim
daima genç kalmak için. "
Sonra yediler.
Sonra bir kamp kurdular,
280   bir gölete girdi Gılgamış;
ama bir yılan süzülüverdi yanından
ve Gılgamış'tan aşırdı bitkiyi,
yılanın gençleştiğini gördü Gılgamış,
büyülü bitkiyle kaçıp gitti yılan.
Kalakaldı Gılgamış ve ağlamaya başladı
hıçkırıklarla; şunları söyledi elini tutan denizci tanrıya:
"Neden bunca zahmete girdim bir hiç için?
Kim bilecek ki ne yaptığımı?
Hiç önemi yok yaptıklarımın
ve şimdi yalnızca yılan
290   sahip sonsuz yaşama. Dakikalar içinde
yitip gitti dalgalar sonsuza dek.
Bu tanrının bana bıraktığı işaret. "
Sonra yola koyuldular yine,
bu kez karadan.
Sonra yemek molası verdiler.

Kamp kurdular.
Ertesi gün vardılar çobanlarla dolu Uruk'a.
Gılgamış şunu söyledi kayıkçıya:
"Ayağa kalk şimdi Urshanabi ve yokla
300 Uruk'un duvarını. Temeline dikkat et,
tuğlalarına ve tarihi tasarımına. Şimdiki
gibi kalabilir mi daima?
Usta işi mi tasarımı?
İştar'ın Uruk'taki evi
üç bölüme ayrılmıştır:
kasabanın kendisi, palmiye koruluğu ve bozkır. "

Geniş omuzlarına geçir şen kaftanını,
böylece zafer edasıyla gitsin kendi şehrine.
(33. Şekil)

12. Tablet

Yeraltına İniş
Ölümden Sonraki Yaşam

12. Tablete Önsöz

Uzmanlar, 12. Tabletin diğer on bir tabletle ilişkisi konusunda uzlaşamamışlardır. Genel kanı bu tabletteki öykünün diğer Gılgamış öykülerine sonradan eklendiğidir. Bu tablet kendinden öncekilerden hem biçem hem de içerik açısından oldukça farklıdır. Enkidu'nun 'dirilişi' özellikle şaşırtıcıdır. Bu çelişkilere rağmen, 12. Tablet'i neden işliyoruz?

12. Tablet, ilk on bir tablette irdelenen başlıca izleklere ve sorunlara daha kapsamlı bir bakış sunuyor. Ölümden sonra yaşam var mı? Bu yaşamın özü ne? Hangi dünyevi davranışlar orada ödüllendiriliyor? 11. Tabletin sonunda, Gılgamış ölümlülüğün kısıtlarını ve onun nimetleriyle yetinmeyi kabullenmek zorunda kalmıştı. Öldükten sonraki 'varoluş' sorunları onu derinden etkilemiş; ama bu konudaki arayışları sonuçsuz kalmıştı. İnsanın ölümüne dair tanımlamalar ve 'koşulların belirlenimi' tarih boyunca bütün dini sistemlerin ana sorunsalı olmuştur. İşte, 12. Tablet'te anlatılanlar buna dair ilk yazılı kurgumuz. Bu nedenlerden ötürü, 12. Tablet'e destanın bu baskısında yer veriyoruz.

Ah, keşke saklasaydım aletlerimizi
davul ustasının güvenli evinde.
Keşke böyle kıymetli bir arpı
verseydim ustanın karısına, bakmakta zaten o mücevher
gibi çocuklara. Tanrım, yüreğin unuttu mu beni?
Kim düşmeli cehenneme ve bedelini ödemeli
el sürülmeden duran davulun?
Kim tehlikeye atmalı yaşamını
yeniden almak için İştar'ın ölümcül hediyelerini?
Bu soruya tek güvenceyi dostu verdi.

10   Ve şunları söyledi Enkidu'ya Gılgamış:
"İn, cehenneme in, yaşamın bittiği yere
ama gerektiğinde dinle tanrının sözlerini.
Ölümün yönettiği yere yavaşça git, sevgili kardeşim,
sonra çık tekrar yukarı, korkuların üstüne. "
Ve bu kez de şunları söyledi Gılgamış:
"Bırak kurtulabilen herkes kurtulsun, dikkatli ol,
gerektiğinde dinle tanrının sözlerini.
Güçlülerle ve ölülerle yürürken

20   mor veya kırmızı giysiler giyme.
Yüzünü kutsal gösteren maskelerden kaçın.
Bu sahtekarlık, bu bayağılık.
Benimle birlikte sen de bırak buraya
bıçağını, kayanı, sopanı,
böyle silahlar soruna sorun katar.
Bırak okunu, yayını; eşini terk eder gibi.
Ölümün ruhları kirletiyor el ve ayaklarını.
Karşılaştığında kaba, çıplak ve ağlamaklı ol.
Sessiz ve yumuşak başlı ol; uzak ve soğuk davran
çevreni saranlara ve seni izleyenlere.

30   Dudağından nazikçe öperek karşılama hiçbir kızı,
parmak uçlarıyla hiçbir şeyini götürmesin.
Cehenneme düşersen dokunma hiçbir çocuk eline

ve bir fiske bile vurma orada yaşamayı seçmiş oğlanlara.
Enkidu, çevreliyor seni ölümün yası;
çığlık atıyor etrafında,
tek başına o güzel yerde, yurdunda;
güzelliği doğuran
seyrediyor ölümünü.
Hiçbir çekici kaftan örtemeyecek çıplak bedenini
40   ve narin göğüsleri bir zamanlar sıcacıkken sütten,
soğuk taş kaselere döndü şimdi. "
Ancak önemsemedi dostunu Enkidu,
başladı gününe, sonrasındaysa
düştü artık hayatta olmayanların yanına.
Kırmızıydı cicili bicili kıyafetleri;
görünüşü saldırıyordu tüm ölülere.
Renkli yüzü dürüst ve iyi gösterse de onu
ruhlar nefret ediyordu, yitirdikleri güzelliği
kendilerine anımsatan bu bedenden.
50   Beraberinde getirdi sopasını, kayasını, bıçağını
ve alay ettikleriyle sorunlar yaşadı.
Orada da gösteriş yaptı,
giysiyle gitti çıplakların arasına,
yemek yedi açlığın ortasında,
dans etti acı çekenlerin yanı başında.
Mutlu bir kızı öptü.
İyi bir kadına çarptı.
Babalığını tiye aldı.
Oğluyla dövüştü.
60   Çevresinde arttıkça arttı ölüm yası;
çünkü o güzel yerde; yurdunda, tek başına,
güzelliği doğuran
seyrediyordu ölümünü.
Hiçbir çekici kaftan örtemeyecekti çıplak bedenini
ve narin göğüsleri bir zamanlar sıcacıkken sütten,
soğuk taş kaselere dönmüştü şimdi.

Ona, Enkidu'ya, yaşama dönüş izni vermeyi
aklından bile geçirmedi. Karar verici Namtar
70 yardım etmedi ona. Hastalık bile çare olmadı.
Cehennem evi barkı oldu.
Baş infazcı Nergal yardım etmedi.
Ağıt ve yas her yere yayıldı.
Cephede ölen askerlerin
yapmacık ve yalan onurları bile
kurtaramadı Enkidu'yu. Ölüm yuttu onu hiç aklında yokken.
Bundan dolayı ağladı Ninsun'un haşmetli oğlu,
yüce Gılgamış, sevgili dostu için
ve yolunu tuttu savaşçılar tanrısı,
Enlil'in tapınağının
80 şunları demek için: "Tanrım, ölüm
beni çağırdığında, en iyi dostum gitti
yerime ve o artık hayatta değil. "
Ama savaşçıların vahşi tanrısı Enlil ses çıkarmadı.
O zaman da bir başına uçana döndü ve
şöyle dedi aya: "Tanrım, ölüm
beni çağırdığında, en iyi dostum gitti
yerime ve o artık hayatta değil. "
Ama tek başına uçan aydan da tık çıkmadı;
bir sonraki durağı Ea'nın yanı oldu,
90 doldurabilirdi sularıyla kurak bir çölü.
"Tanrım," dedi, "Ölüm
beni çağırdığında, en iyi dostum gitti
yerime ve o artık hayatta değil. "
Ve çölde yolculuk ederken sularıyla
hayat bulduğumuz Ea,
şöyle dedi Nergal'a, silahlı büyük askere:
"Git şimdi güçlü yandaş; serbest bırak Enkidu'yu
konuşsun bir kez dostuyla ve göster şu Gılgamış'a
nasılmış dünyanın derinlerinden cehenneme giden yol.
100 Her asker gibi emredilmeye alışık Nergal

yaptı kendine söyleneni.
Serbest bıraktı Enkidu'yu
konuşsun diye bir kez dostuyla
ve gösterdi Gılgamış'a nasılmış
dünyanın derinlerinden cehenneme giden yol.
Yavaş yavaş yükseldi Enkidu'nun gölgesi yaşama;
ağlamaklı, bitkin kardeşler
konuşmaya çalıştılar, çalıştılar sarılmaya,
çalıştılar ama hiçbir şey yapamadılar ağlamaktan başka.
110 "Lütfen, konuş benimle, sevgili kardeşim"
diye fısıldadı Gılgamış.
"Bana ölümü anlat ve nerelerde olduğunu. "
"Ölümden konuşmayı istemiyorum. " diye
yanıtladı yavaşça Enkidu.
"Ama oturup dinlersen,
tarif edebilirim olduğum yeri. "
"Peki" dedi kardeşi erken bir üzünçle.
"Tüm derim ve kemiklerim ölü şimdi.
Tüm derim ve kemiklerim şimdi ölü. "
"Hayır" diye bağırdı Gılgamış, çaresizce.
"Hayır" diye yakardı hüzün içinde.
120 "Orada hiçbir çocuğa babalık etmemiş bir adama rastladın mı?"
"Hiçbir ölüye rastlamadım orada. "
"Bir çocuğu ölmüş bir adama rastladın mı?"
"Bir başına ağlıyordu kırlarda. "
"Orada iki yetişkin oğlu olan bir adama rastladın mı?"
"Rastladım, gülücükler açıyordu yüzünde gün boyu. "
"Rastladın mı orada üç oğullu bir adama?"
130 "Evet, evet; çocuklar gibi şendi kalbi. "
"Tastamam dört çocuklu bir krala rastladın mı?"
"Rastladım, tarifsizdi mutluluğu. "
"Beş çocuklu birine rastladın mı?"
"Pek tabii ki, dolaşıyordu kahkahalarla. "
"Peki, altı ya da yedi çocuklu bir adam bulabildin mi?"

"Bulunabilir ve tanrı gibidir onlar. "

"Yeni ölmüş birine rastladın mı?"

"Evet, arı sudan yudumlayıp dinlenirdi her gece divanda. "

"Rastladın mı savaşta ölmüş birine?"

"Evet, iki gözü iki çeşmeydi yaşlı babasının
ve genç karısı mesken tutmuştu mezarını. "

"Rastladın mı evsiz yurtsuzlarla aynı yere gömülmüş bir fakire?"

"Evet, bilirdi zora düşmüşleri, düzenli yaşama hasret gidenleri. "

"Rastladın mı bir kardeşe, akrabaları kulak tıkamış feryatlarına?"

"Elbette, ekmek taşıyordu açlara;
ekmek taşıyordu, insandan sakındıklarıyla
köpeklerini doyuranların çöplüklerinden
ve çerçöp yiyordu kendisi
kimsenin dönüp bakmayacağı. "

SÖZLÜK

Anu: tanrıların babası. Cennetin bütün mucizeleriyle donatılmış gök tanrısı, İştar'ın babası. Uruk şehri ona adanmıştır.

Anunnaki: ölüleri yargılayan ve kaderlerini belirleyen yeraltının ruh tanrısı.

Aruru: yaradılışın yüce tanrıçası. O, Enkidu'yu Anu ve Ninurta'nın suretinde, kilden yarattı. Kaderleri belirlerkenki konumundaysa Mammetum olarak bilinir.

Dilmun: yeniden kazanılmış cennet, güneşin doğduğu toprak, yüce Utnapishtim'in büyük tufandan sonra yerleştiği yer.

Ea: su ve bilgelik tanrısı. İnsanların koruyucusu. İçten sözleriyle umut aşılar. Enki olarak da bilinir.

Eanna: Anu ve İştar'ın Uruk'taki kutsal tapınağı.

Egalmah: Ninsun'un Uruk'taki kutsal tapınağı.

Enkidu: Aruru'nun, Anu ve Ninurta'ya örnek alarak yarattığı "doğal" insan. Gılgamış'ın önce rakibi, sonra dostu/bilinçaltı olur. Uygarlıkla, bir rahibe olan Shamhat'la birlikteliği sonucu tanışır.

Enlil: dünya tanrısı. Rüzgar, hava ve askerlik sanatının acımasızlıklarıyla donatılmıştır. Büyük Tufan'ı gönderdi. Bunun sonucunda, Utnapishtim ve ailesi haricinde herkes boğularak can verdi. Aynı zamanda, sedir ormanını koruması için Humbaba'yı gönderdi.

Ennugi: ikincil tanrılar ve şeytanlar.

Fırat: Türkiye'nin kuzeyindeki dağlardan doğan ve Dicle'yle birleştikten sonra, İran Körfezi'ne dökülen nehir. Antik Mezopotamya, yani " iki nehrin arasındaki bölge", bu ismi, batısında Fırat Nehri ve doğusunda Dicle'yle çevrelenmiş olduğu için alır. Dahası, uygarlığın beşiği olarak bilinir.

Gılgamış: destanın kahramanı, tanrıça Ninsun'un oğlu ve büyük olasılıkla Uruk'un Lugalbanda'dan sonraki kralı. Açgözlülüğü ve kontrolsüz davranışları yüzünden tanrılardan yardım isteyen halkı oğullarını, kızlarını, gelinlerini onun aşırı iştahından korumak için ilgisinin başka yere kaymasını diledi.

Humbaba: Enlil tarafından sedir ormanını korumakla görevlendirilen doğa tanrısı. Gılgamış ve Enkidu tarafından vahşice öldürüldü. Huava olarak da bilinir.

İgigi: cennetin yüce tanrılarının ortak adı. Kan, dehşet ve intikamla donanmışlardır ve genelde Annunaki'yle birlikte anılırlar.

İrkalla: yeraltının isimlerinden biri. Aynı zamanda, Nergal'in karısı ve yeraltının kraliçesi olan Ereshkigal'in bir diğer adı olarak da kullanılır.

İshara: bkz. İştar

İştar: aşk ve cinsellik tanrıçası. Aynı zamanda da savaş tanrıçası ve babası Anu'yla birlikte Uruk'un koruyucusu. Gılgamış tarafından reddedilince çılgına döndü. Düğün törenlerindeki işlevi nedeniyle İshara olarak da bilinir. Ayrıca, İnanna ve İrini diye de anılır.

İshullanu: Anu'nun bahçıvanı, İştar'ın çok sayıdaki eski aşığından biri.

Lugalbanda: Uruk'un önderi ve eski kralı, Gılgamış'ın babası olduğu düşünülüyor. Sonradan tanrılaştı.

Mashu Dağı: Güneşin doğduğu ve battığı yeri simgeleyen ikiz tepeler.

Nimush Dağı: Utnapishtim'in gemisini bıraktığı yer. Önceki adı Nisir'dir.

Namtar: Kötü kaderi belirleyen yeraltı şeytanı.

Nergal: Salgın hastalıklardan, buyruklardan ve silahlı askerlerden sorumlu, yeraltının baş tanrısı.

Ninsun: bilgelik tanrıçası, Gılgamış'ın annesi ve Lugalbanda' nın karısı. İsmi "vahşi, güçlü kadın" anlamına gelir.

Ninurta: savaş ve tarım tanrısı, güney rüzgarıyla donatılmıştır. Enkidu kısmen onun suretinde yaratılmıştır.

Ninpur: Enlil'e adanmış şehir, antik Mezopotamya'nın dini başkenti.

Nisaba: ekin tanrıçası. Saçları meltemde uçuşan ekinleri andırır. Saçları Enkidu'nunkine benzer.

Shamash: şeytanı aşağılayan güneş ve adalet tanrısı. Humbaba'yı ortadan kaldırması için Gılgamış'ı desteklemiş ve ona yardımcı olmuştur.

Shamhat: İştar'ın tapınağından kutsal bir rahibe. Birlikte olduğu Enkidu'ya uygarlığı öğretti.

Shuruppak: Uruk'un kuzeyindeki antik bir Sümer şehri. Tanrıların büyük tufanı başlattığı, Utnapishtim'in eski yurdu.

Siduri: Kutsal sahilin yanında yaşayan saki. Gılgamış'a ölümsüzlük arayışını terk etmesini ve henüz mümkünken geçici mutluluklar yaşamasını önerir.

Sin: Ay tanrısı.

Tammuz: Uruk'un önderi, bitki tanrısı. İştar'la birlikte olana kadar bakirdir, sonra eski sevgililer kervanına katılır. Dumuzi diye de bilinir.

Ubaratutu: Utnapishtim'in tanrısı ve babası. Shuruppak'ın eski kralı.

Ulay: Gılgamış ve Enkidu'nun dinlendiği nehir.

Urshanabi: Kayığıyla güneş bahçesini yüce Utnapishtim'in yaşadığı cennetten ayıran suları aşan denizci tanrı. Gılgamış'ı Utnapishtim'e o götürdü.

Uruk: Fırat Nehri üzerindeki antik şehir. MÖ 3000 yılları civarında, Sümer kültürünün merkezi olan, Gılgamış'ın krallık yaptığı, Anu ve İştar'a adanmış şehir.

94/ SÖZLÜKSÖZLÜK

Utnapishtim: Büyük Tufan'dan sağ kurtulan ve ölümsüzlük kazanan destansı kahraman. Gılgamış ondan sonsuz yaşamın sırrını edinmeye çalıştı. Ziusudra olarak da bilinir.